U0616202

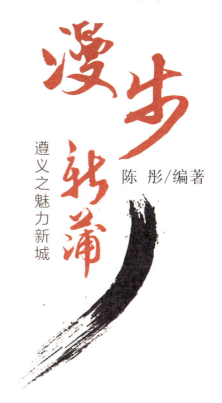

漫步新蒲

遵义之魅力新城

陈 彤/编著

西南交通大学出版社

· 成都 ·

图书在版编目（ＣＩＰ）数据

漫步新蒲：遵义之魅力新城 / 陈彤编著. —成都：
西南交通大学出版社，2018.6
ISBN 978-7-5643-6206-5

Ⅰ. ①漫… Ⅱ. ①陈… Ⅲ. ①旅游指南－遵义 Ⅳ.
①K928.973.3

中国版本图书馆 CIP 数据核字（2018）第 114549 号

漫步新蒲：遵义之魅力新城　MANBU XINPU: ZUNYI ZHI MEILI XINCHENG
陈　彤　编著

责 任 编 辑	祁素玲
封 面 设 计	新宸文化
	西南交通大学出版社
出 版 发 行	（四川省成都市二环路北一段 111 号
	西南交通大学创新大厦 21 楼）
发行部电话	028-87600564　028-87600533
邮 政 编 码	610031
网　　　址	http://www.xnjdcbs.com
印　　　刷	四川煤田地质制图印刷厂
成 品 尺 寸	170 mm × 230 mm
印　　　张	7.5
字　　　数	105 千
版　　　次	2018 年 6 月第 1 版
印　　　次	2018 年 6 月第 1 次
书　　　号	ISBN 978-7-5643-6206-5
定　　　价	39.00 元

图书如有印装质量问题　本社负责退换
版权所有　盗版必究　举报电话：028-87600562

前　言

　　新蒲新区位于贵州省遵义市老城以东，是顺应遵义城市发展而开发建设的新城区。这片火热的土地将是遵义未来政治、经济、文化、教育中心，黔北综合交通枢纽，也是遵义对外开放新窗口，全域旅游新目的地。良好的生态环境，丰厚的文化积淀，快捷的立体交通和集聚的新型产业，都是我爱上新蒲的理由。

　　相对于遵义这座古老的城市，新蒲新区还很年轻。新区成立于2009年5月，旨在为遵义这座历史文化名城开拓新的空间。新区辖3街5镇，城市规划建设面积110平方公里，肩负新蒲、礼仪、空港三大新城组团和经济开发区建设发展重任，秉承绿色发展理念，致力打造"宜居、宜业、宜学、宜游"的生态文明之城。

　　短短几年间，新蒲新区高起点推进基础设施建设，城市主次干道路网日新月异，遵义机场通航30多个国际国内城市，渝黔快铁通车运营，立体交通枢纽基本形成。黔北老街、林达美食街、平安街等特色街区陆续成长起来。遵义综合保税区、智能终端产业集聚区、高科技产业园、军民融合产业园、环保产业园、中小企业园、辣椒产业园、遵义软件园等快速推进。以产兴城、以城促产，产城融合的轮廓初现。我相信，这里是可以放飞梦想的城市。

　　绿水青山就是金山银山。无论是云门囤绝美山水，还是厚重的沙滩文化，都是岁月的恩赐。以洛安江、仁江、茅官河、湄江等水系为轴线铺陈的自然风光，神奇而秀美。新蒲新区不但有着久远而璀璨的历史文化，在规划与建设中也守牢生态底线，注入抱朴而优雅的人文情怀，城市产业与生态旅游融合发展。天鹅湖、白鹭湖、百灵湖、鸳鸯湖……如片片翡翠镶嵌在这块热土上，组成新蒲城市湿地公园群。樱花谷、红叶谷、漫花谷、农博园等农旅一体化项目，让山水田园与城市交相辉映。新蒲给了我们太多创造和享受生活的选择，我相信，这里是可以安放心灵的地方。

　　漫步新蒲，能记住乡愁，也能看到未来。

新蒲新区景点分布示意图

团泽

仁

江

汇川

中桥水库

播州土司墓群 ★

天鹅湖

李家寨 ★

★ 新新之轴

遵义大学城

新蒲新城

● 新蒲街道

新蒲湿地公园

黔北老街 ★

● 新中街道

● 礼仪街道

白鹭湖

礼仪新城

高铁站

湘 江

红花岗

喇叭镇

深溪

农业园

郑场

绥阳

现代农业示范园

大关营盘 ★

永乐水库

永乐镇

茅官河 ★

现代农业示范园

新舟镇

★ 贵州农博园

★ 红叶谷

★ 樱花谷

★ 漫花谷

★ 百草园

遵义新舟机场

空港新城

禹门

★ 沙滩文化

茅官河

鸳鸯湖

百灵湖

义综合保税区
(新蒲经开区)

洛安江

虾子镇

虾子辣椒城

湄潭

梭米河 ★

三渡镇

天眼地缝 ★

湄江

★ 云门囤

洞 ★

仁江

★

湄江

● 街道、镇

湿地公园

★ 景区、景点

水体

河流

路网

目　录

第一编　人文新蒲

第二编　生态新蒲

第三编　魅力新蒲

新蒲新城夜景

新蒲新城

第一编
人文新蒲

　　"遵义"之名系唐贞观十六年（642）播州所属罗蒙县改名遵义县而来，意在"无偏无陂，遵王之义"，而"新蒲"之名则始于中华人民共和国成立之初，以老蒲场为治所设立新蒲区，意为老蒲新生，百废待兴。新蒲的本质特性就在于一个"新"字，新的城区，新的目标，新的定位，新的起点，新的征程……

　　新蒲虽为新区，但有着悠久的历史、璀璨的文化和独特而神秘的人文风情。早在唐贞观九年（635），这一带就有了建县的历史，那时的高山旧县应包括今新蒲、虾子、喇叭、龙坪、团溪、尚嵇、三岔至乌江一带。高山县废后，这些区域划入了遵义县。明清时期，区内地域为遵义以东乐安里、通平里、东隅里大部。新蒲新区因独特的区位和历史，形成了沙滩文化、土司文化和现代城市文化交织的区域文化特质。区内留存了大量珍贵的历史文化遗存。以郑珍、莫友芝、黎庶昌等先贤为代表的大批文人雅士，更是创造了辉煌的沙滩文化。在这片古老而全新的土地上，各族人民用勤劳和智慧创造了灿烂辉煌的文化，传承着新蒲的文脉，这是近乎信仰的文化自觉，也是掷地有声的文化自信。

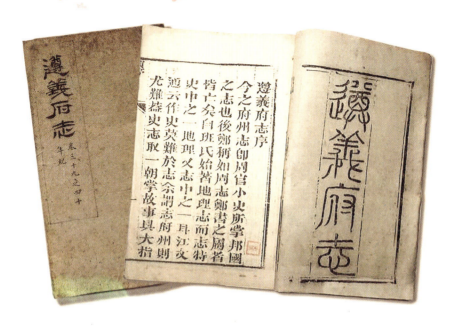

一、找寻新蒲的历史文脉

历史沿革与重大事件

远古时期，新蒲一带就有人类繁衍生息。

春秋时期，属鳖国。

战国时期，属夜郎国。

秦始皇二十六年（前221），推行郡县制，以原鳖国地置鳖县，属巴郡之鳖县。

汉武帝元光五年（前130），置犍为郡，郡治鳖县，属犍为郡鳖县。

汉武帝元鼎六年（前111），鳖县划入牂牁郡，属牂牁郡鳖县。

西晋永嘉五年（311），牂牁郡分设牂牁、平夷、夜郎三郡，属平夷郡鳖县。

东晋咸安元年（371），平夷郡改为平蛮郡，属平蛮郡。

隋开皇初年，置牂州，后改为牂牁郡，领牂牁、宾化二县，属牂牁县。

唐武德三年（620），改牂牁县为建安县，属建安县。

唐贞观十三年（639），置播州，辖恭水、高山、贡山、柯盈、邪施、释燕六县，恭水县次年改名罗蒙县。今新蒲为高山县治。

唐贞观十六年（642），罗蒙县改名遵义县，遵义之名由此始。

唐大历五年（770），罗荣入播州，子孙世袭其地。

唐乾符三年（876），杨端入播州南部，属播州杨氏土官、土司世袭。

北宋大观二年（1108）起，播州杨氏内部多次分裂、割据，辖制多变。

元至元十四年（1277），播州土官杨邦宪降元，以土归附，授安抚使，播州正式推行土司制度，之后300余年间，播州一带征战不断。

明万历二十八年（1600），李化龙领命调兵24万，发动播州之役，结束了播州杨氏土司的统治，传29世725年的土官、土司历史从此结束。播州被废，改土归流。分播州为遵义、平越二府，分属四川、贵州两省，此间新蒲属四川遵义府。今新蒲所在地东乡划分东隅、通平、乐安三里。

清雍正六年（1728），遵义府由四川划归贵州。

清咸丰四年（1854），火烧舟（今新舟镇）人朱明月发动"白号军"农民起义，历十余年，此间新蒲各地广建寨、堡、屯，以防义军。

清同治元年（1862），新舟沙滩黎庶昌赴京应试并呈《上穆宗毅皇帝书》，被破格起用，光绪二年（1876）起，先后出任驻英、法、德等国使馆参赞，光绪七年（1881）后两度出使日本。

清宣统三年（1911），废里置区，实行"地方自治"，东一区辖原东隅里，自治公所设在老蒲场；东二区辖原通平里，自治公所设在喇叭场；东三区辖原乐安里，自治公所设在禹门寺。

1932年，东一区改为第二区，东二区改为第三区。

1941年，推行新县制，废联保，第二区、第三区合并设立虾子区，第二区改为老蒲乡。

1949年，老蒲乡复建为第二区。

1949年中华人民共和国成立后，设立遵义专区，后称遵义地区，并以原遵义县城区为基础新建遵义市，城周地区为遵义县，之后遵义市、县建制多次调整，今新蒲新区大部属遵义县地。

1953年5月，区改数序名为驻地名，今新蒲新区分属老蒲、虾子、新舟、茅坡等区。

1956年8月，白云区划归老蒲区。

1958年，老蒲区更名为新卜区。

1984年，设立新卜镇。

1992年9月，撤区并乡建镇，今新蒲新区境内撤并设立永乐、新舟、虾子、新卜、喇叭、三渡等镇。

1997年，撤销遵义地区，设地级遵义市，撤销县级遵义市，设红花岗区，新蒲新区分属红花岗区所辖多镇。

2009年5月，新蒲新区党工委、管委会作为市委、市政府派出机构挂牌成立，主要承担新区开发、建设任务，代管遵义市红花岗区新蒲镇和遵义县新舟镇。

2016年3月，撤销遵义县，设播州区，新舟、虾子、三渡、永乐、喇叭等镇划归红花岗区并由新蒲新区代管。

鳖国

春秋时期，新蒲新区一带属于鳖国。鳖国是一个部落方国，除遵义市区，还应包含今绥阳、桐梓大部。直到战国时期，由濮人创立的夜郎国逐渐扩张，鳖国才成为夜郎国的小邑。秦时，推行郡县制，蜀国、巴国改称蜀郡、巴郡，鳖国便成了巴郡的鳖县。汉武帝元光五年（前130），划乌江北岸的夜郎地和原巴郡、蜀郡的一部分置犍为郡，郡治鳖县，领十一县。元鼎六年（前111），鳖县又划归牂牁郡。新蒲新区一带仍属鳖县。

夜郎国

来到遵义，走进新蒲，自然想到了神秘的夜郎古国。

拥有五千年历史的华夏文明流传至今，有许多古国曾一度创造了璀璨的文明，但又在历史长河中神秘消失，其中夜郎、大理、楼兰最为著名，它们都曾经存在数百年之久，然后神秘消失。楼兰古国消失于沙漠之中，大理古

国现已成为著名的旅游目的地，而夜郎古国几乎仅在人们的脑海里留下"夜郎自大"这个成语。夜郎故事首见于司马迁的《史记》："滇王与汉使者言曰：'汉孰与我大？'及夜郎侯亦然。以道不通故，各自以为一州主，不知汉广大。"说的是公元前122年，汉武帝为寻找通往印度的通道，遣使者到达滇国，滇王问汉使："汉与我谁大？"后来，汉使返程途经夜郎，夜郎国君也提出同样问题，因而世人便以此比喻狂妄自大的人。其实，夜郎乃西南偏僻大山中的方国，山隔水阻，难知山外世界之大实属常情，并非夜郎自大。

夜郎国是战国时期由濮人建立的一个地方民族政权。历史上，夜郎古国曾是西南夷中较大的一个部族，从战国至西汉成帝和平年间，前后约300年。其确切属地在史籍记载中都很简略，只说"临牂牁江"，因而一直存在争议，但史学界普遍认同的是以遵义一带为中心的大片地区，可能还包括云南东北、四川南部及广西西北部一些地区。

元鼎六年（前111），汉武帝平定南夷后，封夜郎侯为夜郎王，赐金印，保留一部分领地，同时在周边设立多个郡县。河平二年（前27），夜郎王因反叛汉王朝而被牂牁太守陈立所杀，夜郎古国从此消失。之后还出现过夜郎郡、夜郎县的建制。这里是中国稻作、鼓楼、巫傩文化保存最完整的地区之一，千百年前延续至今的独特民族风情，构成了内涵丰富、扑朔迷离的夜郎文化。

新蒲新区的洛安江是一条历史文化之河，是沙滩文化的发祥地，也是新蒲的文化主脉，值得进一步考证和研究。或许时间能揭开新蒲新区更多鲜为人知的秘密。

播州

唐贞观十三年（639），始设播州，下辖6县。播州一直存在到明万历二十八年（1600），历时961年。唐代时实行道、州（郡）、县三级政区

制，州为中级行政建制。南宋嘉熙年间置播州安抚司，治今遵义。元至元二十八年（1291）改为宣抚司，明洪武六年（1373）升为宣慰司。土官罗氏、杨氏先后世袭其地。明万历二十八年（1600）播州之役后，将播州分置遵义、平越两个军民府，播州至此消失。由于播州在历史上存在的时间长，地域广，在播州消失后，人们还是习惯将今黔北一带称为播州。如今，出于对地名文化遗产的尊重和保护，遵义市设置了播州区，新蒲新区也命名了一条播州大道。

播州曾经先后为经制州和羁縻州。经制州是由朝廷直接派流官前来经理节制，这样的州也被视为"正州"。到了唐朝末期，朝廷自顾不暇，便把许多偏远的州改为羁縻州，视为"边州"。播州正是经历了这样的属性演变。

收藏与发现

新蒲新区一带是远古先民生存繁衍的摇篮，境内曾出土多件青铜器、铁器、金银器和其他文物，特别是杨氏土司墓群的发掘，为研究新蒲新区远古文明和播州土司历史提供了丰富佐证。

《遵义府志》载：原郑珍家藏就有多件重要文物，其中有父己鼎一具。"鼎高七寸，耳高一寸，有穿足高三寸一分，唇博三分有半，四隅深二寸五分，中深三寸一分，口前后通唇，径四寸二分强，左右径五寸三分，底前后径三寸五分，左右径四寸六分，腹前后径三寸四分，左右径四寸五分。重今库平三十两七钱四分，有铭文父己。鼎腹每面各有饕餮，上有两夔，其间雷纹图纹，足为蜼形。"商周时期，鼎被视为祭祀天地和祖先的神器，笼罩上了一层神秘而威严的色彩。此鼎纹饰精美，造型庄重，应为佳品。此物虽然不能证明系本地出土，但作为郑珍家藏的多件重要文物之一，也实属珍贵。

播州杨氏土司历来也多有收藏，除目前发掘出土了大量珍贵文物外，据《平播全书》载，播州之役中，官军获"古器共二百八十六件"。在杨氏土司墓葬的陆续发掘过程中，出土了大量铜器、玉器、金银器等文物。

新蒲新区境内还发现有多处摩崖石刻，其中香风山摩崖在遵湄公路新文段右侧香风山（又名空壳山）一处裸露的岩石上，岩石呈宝塔形，山顶叠石为桥，山下是溶洞，洞口朝东，高3米，宽4.5米。在洞口顶部正中凿有一凹进去的石龛，龛中篆书横刻"静怀深入"四字。此外，李家寨、禹门等地也有多处摩崖石刻发现。

古驿古道

早在秦汉时期，便有五尺道、南夷道等古代官道途经新蒲一带。南宋时期，开拓播渝道。驿站是古代在驿道上设置的为公差以及往来官员提供食宿、换马、补充给养的场所。元代播州安抚司升为播州宣慰司后，遵义境内开始设置驿站。

大关营盘所在地永乐镇永乐村大关组

新蒲新区范围内有大量古道、古驿遗存，如遵义至湄潭方向有仁水驿（疑在今虾子镇内仁江河畔）等。清顺治一年（1644），平定吴三桂后，经多次裁驿，驿站裁撤后改设铺、汛，铺间距离约十里，负责管理治安，保护官商旅客。

古驿道、驿站对当时的政治、军事、通信、运输起到了重要作用，也为当地经济文化建设发展奠定了基础，不少铺递逐渐发展为集镇乡场，成为商品流通、文化交流的重要通道。如今，在新蒲、新舟、三渡、永乐、喇叭等地还有大量古道遗存。

关隘屯堡

遵义扼川黔咽喉，历来是兵家必争之地，军事位置十分重要。作为遵义东大门的新蒲新区，曾是播州门户，地理位置更是特别重要。自唐代以来，境内曾进行过百余次较大规模的战争。清代以前，在今新蒲新区境内有三渡、黄滩等五个关隘，居高临下，扼守东来要冲。播州杨氏土司也得益于境

内密布的军事屯堡、要塞，数百年称雄于西南。

位于东部湄潭县界有东路要隘三渡关，明代征播时，楚将陈璘曾率军苦战此关。在三渡关西有渡上关，这里居高临下，易守难攻。在东南面还有黄滩关，下临黄滩河，系余庆方向进入遵义的要隘。明代征播时，李应祥率大军苦攻多日也不能攻克，后来只好潜小溪破袭。此外，还有板角关、南雄关、大关等关隘。

在新蒲中桥一带，原有青蛇囤、长坎囤、玛瑙囤、保子囤等囤垒。明万历二十四年（1596），杨应龙为抵抗官兵围剿，在青蛇桥建青蛇囤、玛瑙孔建玛瑙囤、团堡建保子囤、长坎子建长坎囤，抗官兵东进。各囤互为犄角，组成青蛇囤军事群堡，其中青蛇囤最为险要，是杨应龙东路防线的主要营垒。万历二十八年（1600）四月，李化龙第八路总兵陈璘率部浴血苦战，双方都付出了惨重的伤亡代价，此地才被攻克。咸丰九年（1859），张思敬在青蛇囤基础上修建了军事营寨金狮营，占地面积达数十亩，为当时遵义地区军事寨堡之冠，与玉屏寨、李家寨新营盘互为犄角。目前，残墙、旗台基石、洋台机（大炮）基石、置擂石滚木基石、城门基石尚在，一城门完好无损。清同治元年（1862）中桥李家寨修筑的新营盘，如今也保存着较完好的遗迹。此外，永乐镇大关营盘也遗迹尚存。这些关隘、屯堡、要塞、营盘，都是研究新蒲历史文化不可或缺的重要佐证，也是如今极为重要的文化旅游资源。

传统建筑

胡氏庄园

胡氏庄园位于虾子镇红乐村兴和组，是民国初年黔军第六步兵团团长、"倒袁名将"胡忠相的宅院，始建于1918年，历时10年，于1928年建成，现为省级文物保护单位。由于年久失修及风吹日晒等，胡氏庄园自然风化、腐蚀严重。为确保该文物古建筑

安全，在新蒲新区着力打造"十里荷塘·美丽乡村"之际，经文物保护部门批准，由文物古建修缮专业团队经过为期1年的全面修复，胡氏庄园得以恢复原貌，重现往日风采，成为百灵湖公园景区的一个重要景点。这里风景钟灵毓秀，庄园依山傍水，于竹林古树间隐隐约约见重檐雕栏，四周良田沃野连绵，墙垣外小桥流水，宛如世外桃源。

庄园主人胡忠相，字献之，虾子落石台人，于清宣统二年（1910）从保定军校毕业后回贵州讲武堂任教官，是时任贵州省主席兼二十五军军长周西成的老师。1916年蔡锷讨袁北上，胡任蔡锷部团长，是蔡锷部下最得力的干将之一，在娄山关和川南同北洋军作战屡立战功，解甲归田后回到虾子落石台，居住于此，于1946年去世。

庄园占地3500平方米，建筑面积668平方米，主体建筑为传统式青瓦木结构，正厅长5间，宽3间，两厢各3间，前厅长5间，中间形成正方形天井。庄园坐北向南，前有绿水环绕，后有青山翠竹。建筑设计考究，造型恢宏别致，翘檐斗角，飞阁流丹，雕梁画栋，栩栩如生。八字龙门挂"陆军少将第"金字黑漆巨匾。院内花木繁多，古朴苍劲。胡氏庄园别致优雅，是黔北风格建筑的典型代表，是研究黔北建筑文化、黔北军政文化，乃至黔北民居文化发展不可缺少的范例，具有较高的社会价值和艺术价值。

刘汉英老宅

刘汉英老宅

位于新舟镇平远村（曾为土石村、禹门村）的刘汉英老宅是遵义地域乡土特色类传统建筑的代表，2017年被列入遵义市中心城区第一批历史建筑名录。历史上这里曾是禹门往返遵义的必经之地。宅院建于清光绪年间，原为两道龙门的合院建筑，因年久失修，如今又无人居住，已显得有些破败，两厢和下厅有些残缺。老宅处于红叶谷内，318自营地旁，加之列入了历史建筑名录，有望在不久的将来得到修缮和保护。这个宅院虽然不算宏大，却异常精美，特别是那些雕花木窗形式多样，内容丰富，用料考究，雕工极其精巧。院内还有一个用于防火的石雕大水缸，又称为太平缸。

刘汉英原名刘国桢，又名刘敬亭，同治六年（1867）举人，沙滩文化的重要人物之一。他与晚清著名外交家、散文家黎庶昌是忘年之交，相传是黎庶昌路过此处，上门问茶时所收的门生。黎庶昌赴日本任公使时，刘汉英也一同赴日本任黎庶昌的随员。刘汉英回籍后曾用一些房间设馆授徒，培养了一批得力后生，后来他还创办了土石小学堂，推行新学。

九龙口古建筑

九龙口古建筑位于新蒲街道中桥陈家塘，修建于1912年，占地1320平方米，为木结构合院，规模宏大，结构严谨。建筑前方有九步石梯进龙门，龙门左右各有房屋2间，两厢各有房屋10间，上房设有堂屋1间，堂屋左右各有房屋6间。房屋挑梁有龙头8个，四角还有小龙头48个，走廊亮柱雕彩灯8个，有大小雕花石墩柱础6个。

印盒子

印盒子位于新蒲街道中桥李家寨，建于清咸丰年间，为木结构合院。院内有钦赐"强勇巴图鲁"匾额，记名提督军门。正房7柱5间，两厢5柱3间带前廊，庭院及走廊由青石铺就。正房、两厢和下房朝门高度不同，屋顶脊线错落有致。庭

院设有渗水系统，传说原主人李正南曾询问建筑掌墨师为何院低房高，掌墨师回答说道："大老爷，这是给你修的印盒子，你子孙都撑印把子当官哟。"因此人们把这个庭院叫作印盒子。如今已现多处破损，有待维修。

平安寺

平安寺原名莲花寺，位于新蒲街道中桥青杠坡，始建于清末，1930年前后迁建于此。原为木结构庙堂建筑，有一楼一底上殿一幢，两侧厢房各一幢。庙宇四周环境清幽，曾经古木参天，绿荫掩映，寺内有高1.5米大钟一口，寺前有石碑数

方。1988年，寺庙恢复宗教活动后更名平安寺，并先后培修增修了天王殿、财神庙、圆通宝殿等建筑。

清乘桥

清乘桥又称青蛇桥、清水桥，位于新蒲街道办事处中桥村仁江河上，始建于清康熙年间，为传统石拱桥。桥长28米，高16米，宽7米。桥的两端河岸均为峭壁。石桥修建前，此处有一座木板桥，但屡修屡坏。原总兵吴之茂来此后，于康熙十年（1671）始建石桥，并取名清乘桥。此外，中桥一带的仁江河、凤凰溪上还有乾风桥、上桥等古桥。

乐庄廊桥

乐庄廊桥位于喇叭镇乐声村乐庄组鱼涧河上，始建于清道光年间，为原遵义县级文物保护单位。桥长18米，宽4米，高5米，下有两个石墩支撑，两

侧有护栏和供路人坐下休息的长条木板，上为歇山式屋顶盖青瓦，有黔北建筑特色，这一点在古廊桥中还算少见。建筑虽然略显朴实无华，却历经百余年仍保存完好。

三线建设遗迹

1964年开始，在西部省、自治区进行的一场以战备为目的的国防、科技工业由沿海、边疆地区分散向内地迁移的大规模建设被称为"三线建设"。贵州属于当年三线建设的主要省份之一，新蒲新区曾是当年国防工厂相对集中的区域，在新蒲至团泽镇的公路两侧，如今的中库水库库区，仍保留着大片大片的厂区，这是三线建设时期来自五湖四海的开拓者在新蒲奉献的足迹。

目前保存完好的主要有联关村的三处，包括3419厂、3536厂和3412厂。3419厂即朝阳电器厂，后来曾被用来作贵州航天职业技术学院的校区；3536厂即洪江机械配件厂；3412厂即建于密林之中的朝晖电器厂。这些都曾是当年的军工企业，为我国早期军事工业做出过重大贡献，也为遵义工业发展奠定了基础，培养了不少人才，积累了丰富的经验。这三处多栋建筑都被列入遵义市第一批中心城区历史建筑名录。

3419厂

3536厂

3412厂

遵义干部学院

二、红色文化

遵义是一座红色城市，在这里发生过意义重大、影响深远的遵义会议、四渡赤水、娄山关战斗等中国现代史上重大历史事件。新蒲新区境内也遍布着红色足迹，充满了红色记忆，也培育了大批英雄儿女。

红军在新蒲

1935年1月，中央红军进军遵义时，分三路强渡乌江，其中左路红一军团一部从茶山关渡口渡江后，向西进入懒板凳，再折向遵义城南面；中路红一军团二师、中央军委纵队和红五军团从江界河渡口渡江后，向西北往遵义城东南面今新蒲辖区进发；右路红一军团大部和红九军团从迴龙场渡口渡江后向北进入湄潭，再进入遵义城东面今新蒲区域。

1月4日，红一军团二师六团接受夺取遵义的任务，在团长朱水秋、政委王集成的率领下，向遵义团溪方向前进。1月5日，中路红一军团二师六团由团溪经龙坪向遵义进发。1月6日，红一军团主力进入三渡关，次日进驻虾子场，先头部队在李家寨、老蒲场、礼仪坝一带扎营，在新街、老蒲场地区构成遵义的东北部防线。

1月10日，军团司令部移驻礼仪坝，第十五师进驻老蒲场（今新蒲街道），军团司令部曾驻清乘桥陈家塘刘守义家2夜3天。红一军团当时办公用的桌椅被刘家珍藏，红军在堂屋板壁上写的标语被当地群众世代称颂，标语有"反对国民党军阀""打土豪分谷子""反对区公所、乡公所压迫群众""白军士兵们，你们是工农出生，不要拿枪替国民党卖命""红军来此"等内容。

红军游击队

1935年2月，中央红军再次占领遵义城后，成立了红军遵湄绥游击队、老蒲场游击队、礼仪坝游击队等游击队伍。游击队组成人员大部分是长征而来的老红军，还有一部分赤卫队成员和遵义新参加红军的战士。其中遵湄绥游击队规模较大，下设3个排，另有1个后勤组织，共有120余人。游击队成立后，在遵湄绥接壤地带坚持战斗，打击地主、恶霸和民团，以牵制敌人，配合红军主力作战，创建革命根据地。不久，游击队一度转入地下斗争。

1936年，火烧舟（今新舟镇）地区大旱，农民难以为生，出现了自发聚集"吃大户"的民变。中共地下党员罗俸余与谢树中、罗有余等成立中共遵义临时县委，趁机召集隐蔽在各地的红军遵湄绥游击队战士，动员进步知识青年和农民20余人，取出埋藏在磨刀溪松树林中的枪支，恢复了红军遵湄绥游击队，继续开展武装斗争。游击队逐步发展到100余人，90多支枪，罗俸余担任中共遵义临时县委军事委员兼红军遵湄绥游击队队长，他同中共火烧舟区委书记罗俸永一起领导武装斗争。他们在战斗中受团防兵围剿追击，后来被迫分散活动。

卢沟桥事变后，根据中央关于抗日民族统一战线的主张，开展国共合作，游击队与国民党贵州军驻遵义的柳际明部达成协议，编入国军暂编第五旅。随着斗争形势的变化，游击队编入国军后不久，原游击队领导和不少战士相继受到迫害。

虾子烈士陵园

虾子烈士陵园

　　虾子烈士陵园是新蒲新区爱国主义教育基地，在这里，使命、信念、初心如松风吹拂，时刻警醒着我们在新的时代阔步新的征程。烈士陵园位于虾子镇米兰社区雨台山上，这里密布参天松柏，很多柏树还是挂牌保护的古树，显得庄严肃穆。革命烈士纪念碑庄严矗立在山顶。虾子烈士陵园建立后，先后将原分散于宋家坝、兰生两地的三位外籍红军烈士遗骸及米兰生烈士、龚元林烈士遗骸迁来此处。

　　在革命战争中，新蒲新区还涌现出了张世成（老蒲场游击队队长）、韩荣昌（老蒲场苏维埃农会主席）、孙现章（礼仪坝游击队队长）、张登仪（延安警备区司令部参谋）等数十位革命战士，他们的名字和气节被新蒲人世代铭记。

遵义干部学院

坐落于遵义大学城的遵义干部学院，依托红军长征留下的宝贵精神财富而建，是一所主题突出、特色鲜明的干部培训学院，是中组部"全国党员干部党性教育特色基地"、国家公务员局"全国公务员特色实践教育基地"。

学院办公楼、教学楼颇似遵义会议会址的风格，格调鲜明、庄重典雅。学院按照"开发红色资源、弘扬红色文化、激活红色基因、打响红色品牌"的思路，充分挖掘红色资源，有遵义会议会址、红军总政治部、苏维埃银行、红军警备司令部、遵义会议陈列馆、红军烈士陵园、毛泽东旧居等20多个特色现场教学基地，遵义丰富的红色资源转化成学院鲜活的教育载体，学院成了传播遵义红色文化的重要阵地。

新舟英雄村

新蒲新区新舟镇平溪村一带，原属杨绿乡杨绿等村（小地名羊五场或羊舞场）。这里是英雄的村庄，养育了一大批革命战士，留下了不少可歌可泣的英雄故事。

先锋队队长苏洪贵

苏洪贵（1913—1935），原籍重庆江津，7岁时随兄逃荒来到羊舞场落户，以做小工度日，19岁时在遵义司法队做辅警。1934年，与中共党员周司和相识并接受进步思想，参与革命战斗。1935年1月，中央红军到达遵义后，苏洪贵积极发动青年、学生配合红军开展革命斗争，在红军的帮助下，建立了革命先锋队，他被推选为队长。没几天，队员发展到了100多人。他带领先锋队成员，奔走于街坊和乡村，宣传共产党和红军的主张，动员群众团结起来，打击军阀劣绅。红军离开遵义时，他带领先锋队准备追随红军长征，在城郊被黔军柏辉章部拦击回城。红军走后，遵义陷入白色恐怖之中，进步人士被大肆搜捕，先锋队员们分头垫伏，苏洪贵返回羊舞场躲避。2月6日，他不幸被捕，在监狱中受尽酷刑。2月16日，他在凤朝门被残酷杀害，遗体被村民们运回杨绿村安葬，年仅22岁。

游击队队长罗俸余

罗俸余（1910—1938），又名罗君彝，6岁入私塾，后随父从商，曾游历川黔湖广，有丰富的社会阅历。红军遵湄绥游击队成立后，他积极参加革命斗争，成为游击队交通员。1936年春，罗俸余加入中国共产党，同年秋任中共遵义临时县委军事委员兼红军遵湄绥游击队队长。1937年春，被国民党当局逮捕关押，后经营救获释。卢沟桥事变后，他根据中央关于建立抗日民族统一战线的主张，与国民党遵义驻军谈判，由他招募的100名新兵送交国军柳际明部，他借机派游击队队员打入柳部，部分遵湄绥红军游击队队员编入国军暂编第五旅。但就是在这一年年底，他被国民党秘密杀害。

革命烈士罗俸宽

罗俸宽（1913—1937），7岁入私塾，19岁就学于省立遵义三中，在学校时受进步人士的启发教育，接触进步书刊，向往革命。毕业后回到家乡开办农民夜校。1936年，加入中国共产党，受组织派遣回遵义师范学校（原省立遵义三中）开展地下斗争，先后担任中共遵义临时县委组织委员、宣传委员。1937年被捕，牺牲于狱中。

抗大战士罗俸永

罗俸永（1917—1978），1932年就学于省立遵义三中，在学校时参加读书会，阅读进步书刊，参与进步学生活动。1935年11月加入中国共产党后配合遵湄绥游击队开展革命斗争。1938年去延安入抗日军政大学第四期学习，结业后留校工作。1940年调八路军后勤政治部任秘书股长、失业救济委员会主任，1944年转入地方开展敌后工作。中华人民共和国成立后，历任河南省新乡市委组织部长、监委副书记、市委副书记，第二汽车制造厂筹备处副主任，第一汽车制造厂党委委员、副厂长，四川省机械工业厅党组副书记、副厅长，四川省机械局党委书记、局长等职。1978年病逝于北京。

铁道先驱罗俸齐

罗俸齐（1923—1985），又名罗磷。二哥罗俸宽牺牲后，罗俸齐积极协助大哥罗俸余坚持开展党的地下活动，来往于茅坡、新舟、虾子场一带做抗日救国的宣传工作。后来，大哥罗俸余被害，三哥罗俸永去了重庆，中共新舟区委暂时终止了活动。1939年，罗俸齐考入遵义师范学校，在遵义地下党组织的领导下，投入革命活动。1940年加入中国共产党，1947年奔赴太行解放区，先后在北平铁道管理学院（今北京交通大学）、华北大学（今中国人民大学）工学院学习。中华人民共和国成立后，他被分配到中央铁道部工作，先后任过铁道部直属团委书记，铁道科学研究院科长、处长等职。1985年病逝于北京。

文化将军陈沂

　　陈沂（1912—2002），新舟镇人，中共八大列席代表、十二大代表，第七届全国政协委员，少将。他于1929年在上海参加革命，曾先后担任北平左翼作家联盟候补执行委员、北平学生联合会执行委员、北方文化总同盟党团书记、河北省反帝大同盟党团书记等职。1937年底进入太行抗日根据地，随后从事新闻、理论宣传和文化艺术工作。解放战争期间，先后参与辽沈、平津、衡宝和海南岛战役后勤保障的领导工作。中华人民共和国成立后，任解放军总政治部文化部部长，先后被授予二级独立自由勋章、一级解放勋章。曾任中共上海市委副书记兼宣传部部长、上海市第八届人大常委会副主任等职。2002年7月26日在上海病逝。

　　陈沂著有《我们从朝鲜回来》《停战后的朝鲜》《严峻的考验》《文艺杂谈》《辽沈战役三部曲》《归来集》《十年历程》《脚印》《白山黑水》《一切为了战胜敌人——陈沂评论集》《陈沂家书》等著作。

李家寨

三、土司文化

播州土司

播州杨氏土司是遵义历史上最主要的土司政权。唐贞观九年（635），以牂牁郡播州北部置郎州，辖恭水、高山、贡山、柯盈、邪施、释燕6县；贞观十三年（639），以郎州6县地置播州府。自杨端起，杨氏世代统治此地，宋代开始接受中央王朝任命，一直存在到明万历二十八年（1600）。

位于遵义老城西北约28公里龙岩山顶的海龙囤，是一处宋、明时期的土司城堡遗址，为全国重点文物保护单位，并于2015年成功申报列入世界文化遗产名录。在新蒲新区境内，也有大量的土司文化遗存，随着考古和研究的推进，一大批与杨氏土司相关的墓葬、屯堡被发现，为播州土司历史和文化的进一步研究提供了更多有力的佐证，同时也给新区旅游注入了丰富的历史文化元素。

杨烈墓陵

杨氏土司墓群

新蒲新区杨氏墓地是目前唯一已全面发掘的播州杨氏土司家族墓地，墓地布局清楚，墓主关系明确，包括播州杨氏第十四世杨价墓（南宋末）、第二十一世杨铿墓（明初）和第二十九世杨烈墓（明末）三代。这些墓葬的年代、墓主、等级身份都很清楚，年代跨越宋末至明末，为宋元明考古提供了重要的资料，是播州杨氏土司较为集中的墓葬发现，也是遵义继海龙囤之后最重要的考古发现，被评为2014年度全国十大考古新发现。其中发现较早的杨烈夫妻合葬墓现为省级重点文物保护单位，墓葬规模宏大。杨烈为明播州宣慰使，是播州末代土司杨应龙之父，卒于隆庆元年（1571）。在杨烈墓东南侧约200米处发现了明代第一代土司杨铿夫妇合葬墓。根据墓志内容，结合现场勘查，杨氏第十四世土司杨价的墓葬也在附近被发现。

杨价墓为双室并列的土坑木椁墓，是目前发现并发掘确定的第九座播州杨氏土司墓。杨价墓形制特殊，保存完整，也是唯一未经盗扰的杨氏土司大型高等级墓，墓内出土有大量造型精美的金银器及相关随葬品。其中，杨价夫人墓室出土的金钏、金镯、金螭龙杯盘、金匙箸瓶、金台盏、象纽银执壶等都非常精美。

新蒲新区杨氏土司墓群是贵州继海龙囤遗址之后最重要的土司考古新发现，对新蒲新区历史文化研究和播州杨氏土司历史研究都具有极高的价值。对杨氏土司墓葬的考古发掘及确认丰富和完善了播州杨氏土司的谱系，且墓主跨越了杨氏统领播州、受封播州土司和即将覆灭的主要时期，一定程度上

杨价墓及其部分出土文物

反映了杨氏从宋代封建领主到元明土司的演变过程，对贵州乃至整个西南地区的土司研究有着重要意义。

杨氏土司墓群核心区位于中桥水库库区，原官堰一带仁江河西岸，因水库建设的需要，当地对杨氏土司墓群进行了保护性发掘或迁建。现在，这里还是遵义最大的水体——饮用水源保护地，有着良好的自然环境资源。这一区域除了杨氏土司墓群，还有遵义市三处最为重要的三线建设遗迹等其他历史文化景观，是了解遵义人文历史的必去之处。我们在这里可以让时光流转，与岁月对望。

李家寨屯堡

李家寨古军事屯堡位于新蒲街道中桥村李家寨，为市级文物保护单位。

南宋时期，播州杨氏土司就在此修建屯堡，李家寨从此成为遵义东大门的军事战略要塞和重要关隘。清咸丰、同治年间，为抵御农民起义军，李家寨曾再次大兴土木，加固屯堡，形成了规模较大的雄奇关隘。如今的李家寨，不但较为完好地保留着古军事屯堡遗址等人文景观，还有着优良的生态环境，已经成为新蒲新区一个集观光、休闲、娱乐、探险为一体的新旅游

区。位于古屯堡之下、仁江河畔的倒流水摩崖石刻，有"大明壬寅清明放水大吉"竖刻2行10字。这里还有神秘而独特的万佛洞溶洞奇观、秀丽迷人的仁江河等景点。这里的合院古民居也很具特色，建筑装饰有各种精美雕花图案，柱础石雕栩栩如生，惟妙惟肖。这里的千年红豆杉、檬子古树和古柏树群构成李家寨的另一道生态奇观。

烽烟四起的岁月已经远去，屯堡留给世人的只是石头上的记忆，而我们看见今天的李家寨人在这片土地上创造了全新的生活。

播州之役

明万历二十八年（1600），明廷命李化龙调集15省24万大军征伐播州宣慰使杨应龙，决战114天，官军获胜。这是遵义历史上规模最大的战争，其人员伤亡、财力消耗、破坏程度也是最大的，影响极为深远。关于这次战争，官书以"杨应龙叛，明军平之"，史界以"反叛朝廷，咎由自取"定论。身历其事的明廷吏部尚书、首辅申时行在其《赐闲堂集·杂记》中写道："川贵土司……惟杨氏世称恭顺……何使委官不索贿，应龙不系狱，调必赴，召必来，何至称兵叛逆乎？挑衅起祸，必有任其责者。故好事喜功，穷兵殚财，非国家之利也，事可永鉴也。"

万历十七年（1589），被杨应龙削去特权的播州五司七姓首领赴贵州状告杨氏，贵州巡抚叶梦熊奏请明廷派军征剿未果，次年再奏，巡按陈效历数杨应龙二十四条大罪。当时杨应龙正奉调率军征松潘，四川巡抚李化龙于是奏请朝廷暂免勘问，让杨应龙戴罪立功。万历十九年（1591），播属五司七姓中的何恩、宋世臣等再次上告杨应龙有反叛之举，黔省又主发兵征剿，蜀省则向朝廷称"蜀三面临播，属裔以百数，皆其弹压，且兵骁勇，数征调有功，剪除未为长策"，两省争持不下，朝议命勘。二十年（1592）十一月，杨应龙应旨到重庆对簿，被断定坐法当斩，他请求用二万金赎命，又值朝廷正征天下兵，于是杨应龙奏辩请愿，愿领五千兵征倭赎罪。二十一年（1593），四川巡抚王继光派遣总兵刘承嗣、参将郭成兵分三路征伐杨应龙，杨应龙令其将穆焰诈降突袭，郭成部全军覆灭。二十二年（1594），兵部侍郎邢玠总督川、贵勘剿杨应龙。邢玠至蜀后，派重庆知府王世琦勘杨应龙于松坎，杨应龙被革职，赎输四万金，并缚黄元等十二人案验抵命，斩于重庆，还将次子杨可栋羁押在重庆当作人质，以追缴赎金。后来，杨可栋死于狱中，杨应龙请求领回尸体安葬，未获准，这让杨应龙无比愤恨。

杨应龙知道不缴赎金，官军必来征剿，于是加固关隘，扩充军队，清除异己，积极备战。他还没收了状告自己的五司七姓大量财富及庄园，并分配给民众。万历二十七年（1599）二月，贵州巡抚江东之命都司杨国柱、指挥李廷栋率兵进剿杨应龙，播兵佯败，以诱其深入至飞练堡后全歼官军。三月，明廷令李化龙总督川、湖、贵三省军务，赐尚方剑，调天下兵马以剿播州。在官军调兵备战时，杨应龙军于六月二十一日奔袭綦江，攻破县城，将3000官兵全数歼灭。朝廷闻讯大怒，将四川、贵州巡抚革职，并敦促李化龙从速进剿播州。

万历二十八年（1600），24万官兵和武器装备准备到位，还遴选各地府、县知事百余人随军准备接管播州地。十二月十二日，官军兵分8路，每路3万人，从四面八方挥师播州。官兵迅速突破播州边防，次年三月，北路娄山关，南路大水田、桃溪庄，东路三渡关先后被官军攻破。杨应龙率余军17 000人坚守海龙囤。海龙囤是杨氏土司的军事要塞和大本营，囤内宽广，水源充足，并设有九关，极其险峻。四月初十日，各路官军进围海龙囤，开始轮番进攻，于六月初六日从西面攻入囤内，杨应龙自缢身亡。播州之役，经两年筹备，114天决战，以官军获胜，杨氏败亡而宣告结束。

播州之役，伤亡极为惨重。据《平播全书》《播地善后事宜疏》等记载，"杨氏族人，除剿杀外，有杀不尽者，迁之闽广地方，不复令得留播地""播土旧民，大兵征讨之余，仅存十之一二""战骨盈尺""邑里萧条"。

播州之役后，实行改土归流，土司制度被废除，朝廷委派流官治理，播州被一分为二，置遵义军民府和平越军民府，分属于四川、贵州两省管辖。杨氏土司的土地被尽数没收，和无主田一起由周边三省愿意占籍播州的人迁来承种，江西、湖广等外省民众开始大批迁入境内，境内驻守的数千名外省官兵也留守屯垦，同时还招抚了部分流亡在外的播土旧民归乡落籍，以汉族为主体的人口聚落从此在这一地区开始了繁衍生息。

四、沙滩文化

现象概略

初到遵义，听到"沙滩文化"一说，还有些不解。这里所说的沙滩是如今新蒲新区新舟镇的一个小地名。正是这个小小的地方，孕育了一批文化名人，创造了新蒲历史上最为重要的文化现象，也算得上是新蒲新区历史文化中最为辉煌的主脉。

沙滩是方圆不过十里的小山村，湄江的主要支流洛安江流经此地，在江中形成了数百米长的沙洲，沙滩由此得名。因洛安江的滋养，这一带田土肥沃，旱涝无忧，堪称鱼米之乡。这里江水蜿蜒，绿树屏绕，碧水青山造就了秀丽的乡村美景。这里的人民世代耕读，民风淳厚，自乾嘉至清末的一百多年间，涌现出数十位知名学者、诗人、作家，其代表人物郑珍、莫友芝、黎庶昌，引领一代风骚，在我国文学史、学术史、外交史上均占有一席之地。这些文人学士以其深厚的文化造诣成就了冠冕黔中、影响全国的沙滩文化现象。

明万历二十九年（1601），播州之役后大量外地人口迁入遵义，四川广安黎氏一支迁来禹门沙滩落籍定居。他们世代谨守祖训，耕读为本。在他们的引领下，以沙滩为中心的洛安江流域重教重文氛围逐渐形成。清乾隆四十四年（1779），黎安理（字履泰，号静圃）中举，出任山东长山县（今邹平）知县，嘉庆二十一年（1816）告老返乡后设馆授徒，成为沙滩文化的开创者。黎安理长子黎恂（字雪楼），29岁就中进士，出任浙江桐乡县知县，道光元年（1821）告老休致，继承父辈遗习设馆授徒，被誉为西南巨儒的郑珍、莫友芝等都曾在其门下课读。他带回几十箱书，极大丰富了沙滩黎氏家藏文献，为沙滩学子提供了丰富的精神食粮。黎恂之后，黎氏子弟人才辈出，黎兆勋、黎恺、黎庶昌、黎汝谦，黎恂的外侄郑珍，郑珍之子郑知同、女儿郑淑昭，莫友芝、莫庭芝、莫瑶芝等都成就显著。这些人或设馆授徒，启迪后学；或治经析理，做起了学问；或游学交友，传播所学；或步入仕途，勤政为民；或游历海外，吸收新学。一时间，沙滩文化呈现群星灿烂之势，以郑珍、莫友芝、黎庶昌为代表的沙滩文人，著述多达200多种。

抗日战争期间，浙江大学一度迁到遵义办学。在著名教授李四光的提议下，浙江大学史地研究所张其昀教授等人编著了《遵义新志》。他们在志中特别提出了遵义历史文化的"沙滩期"概念，足见沙滩文化的重要影响。书中写道："故沙滩不特为播东名胜，有清中叶曾为一全国知名之文化区。"沙滩文化现象也由此开始为学界所瞩目。章士钊《访郑篇》中有"西南两名儒，俱出牂牁巅"句，钱仲联有"清诗三百年，王气在夜郎"的赞誉，陈衍、郁达夫、胡先骕、钱锺书、刘大杰、郭绍虞等诸多名家也都对沙滩文人给予高度评价。近年来，沙滩文化的研究得到学界重视，召开过多次专题研究会，引起了国内外广泛关注。1986年，黄万机编著的《沙滩文化志》作为内部资料性出版物刊行，其修订版于2006年正式出版。1992年版《遵义县志》在文化艺术章中设置"沙滩文化"专节，这是沙滩文化概念首次出现在正式出版的文献中。1998年版《遵义市志》在文化艺术篇中也设置"沙滩文化"专章，对郑、莫、黎三姓几代人的文化成就做了具体统计。

从沙滩一路走来，不止一次听到人们介绍"贵州文化在黔北，黔北文化

在沙滩"，初听只觉是当地人的一种自我赞颂。细细品读沙滩的一草一木、一砖一瓦，方对此话有了体认。沙滩百余年的文化繁荣确实是贵州历史上值得关注和深入研究的现象。在今天看来，沙滩文化现象也极具价值，它充分体现了"不忘本来，吸收外来，面向未来"的文化思想，在广泛吸取和融汇中国古今文化的精华和外来文化的优长基础上，传承了洛安江流域地域文化的特色。从历代沙滩文人"修身、齐家、治国、平天下"的梦想中，我们看到了"传承发展，安贫乐道，爱国爱民"的沙滩文化精神特质。

代表人物

郑 珍

郑珍（1806—1864），字子尹，号柴翁，别号子午山孩、五尺道人、且同亭长等，遵义新蒲新区新舟镇沙滩人。道光十七年（1837）举人，选授贵州荔波县训导。治经学、小学，工诗书，擅丹青。他9岁起在黎氏锄经堂书院课读，博览群书，纵观古今，成为饱学之士，于17岁中秀才，30岁中举人。然而会试却屡试不中，便在家一边设馆授徒，一边著述，曾与莫友芝合纂《遵义府志》，被梁启超誉为"府志中第一"。1864年逝世。郑珍墓位于新蒲新区新舟禹门沙滩洛安江东岸子午山南麓，现为省级重点文物保护单位。

郑珍一生著述丰富，除《遵义府志》外，还著有《播雅》《巢经巢诗集》《仪礼私笺》《巢经巢经说》《说文逸字》等35种。

莫友芝

莫友芝（1811—1871），字子偲，号郘亭、紫泉、眲叟等，原籍贵州独山，后随父客居遵义，游学于沙滩，晚清宋诗派重要成员，金石学家、目录版本学家、书法家，精通文字训诂学。他与黎、郑子弟交好，17岁中秀才，21岁成举人，多次会试不第，被曾国藩称为"黔中宿学"。他客居沙滩，与郑珍合纂《遵义府志》。1871年逝于江苏兴化舟中。莫友芝墓位于新蒲新区新舟镇绿塘青田山，现为省级重点文物保护单位。

莫友芝一生蜚声士林，著述甚多，著有《黔诗纪略》《筹异》《梁石记》《声韵考略》《过庭碎录》《宋元旧本书经眼录》《樗茧谱注》《郘亭遗诗》《郘亭诗抄》《郘亭经说》《书典经眼录》《知见传本书目》《旧本未见书经眼录》《恃静斋藏纪要》《影山词》《韵学源流》《唐写本说文木部笺异》《郘亭知见传》数十种，具有很高的文学价值和史料价值。

黎庶昌

黎庶昌（1837—1898），字莼斋，遵义新蒲新区新舟镇沙滩人，晚清著名外交家、散文家。同治元年（1862），他上"万言书"（即《上穆宗毅皇帝书》和《上穆宗毅皇帝第二书》），痛陈时弊，主张改良。虽然他的言论与当时的风气不合，但还是得到了朝廷的认可，得以知县补用，入曾国藩幕府随营6年。后曾任代理吴江知县、青浦知县等职。光绪二年（1876）起，

黎庶昌出使欧洲，历任驻英吉利、德意志、法兰西、西班牙使馆参赞。光绪七年（1881），升任道员，赐二品顶戴花翎，派任驻日本国大臣。光绪十六年（1890），任满归国，于次年出任川东道员兼重庆海关监督。在重庆他还出资创设了川东洋务学堂，教习中文、英文、算学三科。1896年因病回乡，1898年冬病逝于沙滩家中。黎庶昌墓位于新蒲新区新舟禹门寺对面洛安江西

岸，与郑珍墓、莫友芝墓隔江相望，现为省级重点文物保护单位。

黎庶昌使日期间，曾搜罗典籍，刻《古逸丛书》26种共200卷；为家乡购南藏本佛经全帙6771卷。他一生著述达20多种。已刊行有《拙尊园丛稿》《西洋杂志》《丁亥入都纪程》《海行录》《遵义沙滩黎氏家谱》《黎氏家集》《黎星使宴集合编》《曾文正公年谱》《全黔国故颂》《续古文辞类纂》《宋本〈广韵〉校札》《春秋左传杜注校刊记》等。

珍品馆藏

爪雪山樊图卷

在贵州省博物馆藏有郑珍纸本山水画卷《爪雪山樊图卷》，高32 cm，宽55 cm，着淡彩，所绘内容为清同治年间农民起义时，禹门山乡避乱聚居的情景。画面中间为山，山顶为营寨，房舍密集，左边隔洛安江，远山数重，右侧绘村舍陇亩，小款后钤"子尹"朱文印，图后有自书跋文及五言诗三首，纸尾有黎庶昌等题诗。

郑珍篆书联

在贵州省博物馆藏有郑珍篆书楹联一副，单联纵128.2 cm，横29.3 cm，墨书于洒金纸。联为"敧器一满便倾，当念亏从盈处伏；谦卦六爻皆吉，须知益自损中来"。上款"筱季五兄先生属"，下款"巢经郑珍学"，楷书。钤白文"郑珍私印"、朱文"子尹"印各一方。此联字势平正，运笔有力，圆中带方，长而不枯，具有极高的艺术价值，也是沙滩文化的重要佐证。

莫友芝隶书联

在贵州省博物馆还收藏有莫友芝七言隶书楹联一副，单联纵142 cm，横33.3 cm，墨写于朱绘云笺上，联语为"入坐有情千古月；当窗无恙六朝山"。于清同治十年（1871），书赠煦斋司马，原悬挂于淮河岸别墅水榭。联下钤白文"友芝私印"、朱文"郘亭眲叟"印，为莫友芝所书之诗联精品。

《巢经巢诗钞》版片

据《遵义县志》所述，在遵义图书馆藏有望山堂刻版郑珍《巢经巢诗钞》版片，咸丰二年（1852）刻于新舟禹门子午山望山堂，梨木版，共144块，版高18.5 cm，宽25 cm，两面刻，每版10行，每行21字。左右双边，版心刻单鱼尾及卷数、页数，上下刻小黑口，各卷末版刻"男知同谨写"。此版经郑珍手订，曾多次印刷，诗集流传甚广。

另悉，还有郑珍所撰、莫友芝所注的遵义历史上第一部农业技术专著《樗茧谱》初刻本也至今尚存，收藏于南京图书馆。

沙滩寻迹

沙滩文化旅游景区核心区位于新蒲新区新舟镇沙滩村、禹门村，集自然风光和人文景观为一体，是洛安生态示范区核心区。这里江水蜿蜒清澈，阡陌交错如画，村舍竹柳环绕，田园似锦，鸡犬之声相闻，自然景观优良，人文生态丰厚。沙滩文化景区有大悲阁、洛安江堤、沙滩大桥、水红古树、禹

门山古柏林、禹门寺、摩崖石刻、黎庶昌故居、琴洲、笔架山、花丘山、黎庶昌墓、青田山、大沙坝等主要景点，其中，黎庶昌故居和郑、莫、黎三公墓陵都是省级文物保护单位。

以前，由沙滩文化研究的民间人士和先贤后人集资所建的沙滩文化陈列馆是人们了解沙滩文化的必去之地。人们在这里缅怀先贤，感受文化的力量，更感动于陈列馆的创建者们对文化的尊重和敬畏，也能感受到一种文化自信、文化自觉。如今，修缮一新的黎庶昌故居钦使第取代了原来陈列馆的功能，并以更加详实和丰富的史料、文物向我们展示着沙滩文化的脉络和内涵。目前，大悲阁、沙滩桥得到了修缮，沙滩老街、禹门老街进行了整改，游客服务中心、电瓶车道、自行车道、人行栈道、览江阁等基础设施以及湿地公园、樱花走廊、万国花园等景观正在集中打造，昔日"沙滩八景"平桥烟柳、水绕古阁、禹门晚钟、龙山柏林、琴岛月影、水车叽咕、栀岗红叶、三贤墓茔即将展示全新的容颜。

黎庶昌故居

黎庶昌是清朝首批走向世界的外交官之一，贵州走向世界的第一人，沙滩学术文化的卓越代表人物之一，其多方面的成就和贡献在近代史上产生了重大而深远的影响。他的故居又名钦使第，意为派遣出国的外交官员的住宅，是贵州省省级重点文物保护单位、爱国主义教育基地。

黎庶昌故居

这栋青砖白墙的传统民居掩映在青山绿水之间，经过百年风雨侵蚀的墙体已有些斑驳，仍不失雅致和情趣。进了故居大门，正中是用青石板铺设的天井，中堂设有黎庶昌塑像，左侧是黎公的书房。书房外的小花园"拙珍园"里有当年黎公亲手栽下的洋槐。右侧是他的起居室，虽然经过了整修，仍保留着当年的陈设。故居内存放有黎庶昌生前使用过的部分家具、文具和介绍他生平事迹、著述的展示资料，陈列着郑珍、莫友芝、黎庶昌等先贤的部分手迹、书法遗作，以及有关沙滩文化的诸多物品。

黎庶昌故居内院

禹门寺

禹门寺在沙滩村回龙山上。回龙山也叫禹门山，山上松柏成林，古木参天。莫友芝曾有《禹门山》一诗："禹门多古木，俯仰一翠气。从来溪上人，不见山中寺。"

明万历二十九年（1601），黎朝邦父子在山上建沙滩寺，清初改称龙兴禅院，顺治间易名禹门寺。光绪十一年（1885），黎庶昌出使日本归来后捐资重修。当时建有三官殿、藏经楼、祝厘寺、玉皇殿、祖师殿、大悲阁、乡贤祠等，雕梁画栋，金碧辉煌，形成了"梵宇琼宫，飞檐崇阁，甲于全郡"的庙宇建筑群。曾经有多位沙滩文化的先贤在这里设馆授徒，如今目睹禹门寺的殿角翘檐，仿佛还能听到当年的晨钟暮鼓和琅琅书声。在如今的禹门寺院内，有很多文化名人的诗文碑刻，为我们呈现了一道亮丽的文化风景。

禹门寺内院

大悲阁和水红树

大悲阁

　　大悲阁位于沙滩桥头离禹门寺不远的地方。大悲阁几经兴废，甚至只留下残垣断壁，近年经过修缮改造，才得以旧貌换新颜。据《重塑大悲阁记》碑刻记载，大悲阁始建于明代万历年间，距今已有400多年，因供奉有关公神位，所以也被当地百姓称为关帝庙。修复重建的大悲阁为四层楼阁式建筑，一层仍供奉财神关公等神像，上层供奉观音。我们从郑珍所撰门联"殿茸地樘千岁柏，神归天倚万人刀"中，可以看出他对当时黔北战乱不休的担忧和对和平的渴望，或许这便是大悲阁存在的原因吧。

水红树

　　在沙滩村沙滩桥头有一棵巨大的千年古树——水红，树高约10米，树干4米以下已经被土基围覆，中部树径达6米。水红树，又名石楠，生长缓慢，极难成材。这棵古树有大枝因雷击而毁，但越发显得古老和沧桑。

摩崖石刻

禹门山下洛安江澄潭碧波，江中有岛，形似琵琶，称为琴洲。临河崖壁上有三处清代摩崖石刻，沙滩文化三大先贤郑珍、莫友芝、黎庶昌各书刻一处。这三处摩崖记载了禹门胜景和沙滩文化的代表人物，具有较高的历史和艺术价值。禹门摩崖有一处为郑珍书刻，开行篆体："子弟宁尔宇，六十四年吾行归矣"，左为题款，隶书："己亥九月，五尺道人泛舟过此记"，至今尚存。

另一处黎庶昌楷书摩崖，竖刻35行，随岩壁起伏，上部已经风化。摩崖正文："山旧名回龙，顺治丁亥，丈雪通醉来栖，易曰禹门。直郡治东八十里，洛安江径其麓，支危隐秀，有幽奇之观。道光中，里人郑珍、莫友芝、黎兆勋乐此，率日月至。己亥秋霁，泛舟抵崖壁下刻石，称显之。兹山一旦得与浯溪、澹崖比，诚异遭也。世有漫叟涪翁，当予知言。余后三先生游几五十年，手剔荒翳，履危扪石，读既竟，顾视斜日挂村墟外，辉映林薄，裴回古径，寂寥长怀，洒然见三先生风流，被衣崖谷间也！恐来者阒不闻，且旌，吾独为铭识之。岁在光绪强圉大渊献孟陬谷旦。黎庶昌。铭曰：禹门巉岩，不崩不蹇，上丛招提，下溯回渊，文游所止，炳耀祥键，企斯陈迹，视我铭镌。"

本还有一处莫友芝隶书摩崖，据《遵义府志》所载，摩崖文为："道光己亥季秋二十五，黎兆勋招同郑珍过禹门。雨初霁，朝暾媚客，青山红树，炫耀目精，想老醉当上于此兴复不浅。僧房小坐，饭水引阅四部。犹忆朱□登楼时也，芘泉莫友芝。"可惜此摩崖于1987年崩坍，如今仅存拓本。

黔北老街夜色

永乐水库

第二编

生 态 新 蒲

　　遵义是我国西南重要的旅游目的地，是川渝黔金三角旅游区的重要组成部分，也是长江三峡国际旅游热点中生态旅游的理想王国。新蒲新区丰富的生态旅游资源，正在急速迈进的旅游景区开发建设，必将成为遵义旅游的新方向、新亮点。

　　以沙滩文化为核心的洛安江文化生态旅游带呈现出她娇美的容颜，让这条新蒲历史文化主脉更加闪亮生辉；漫花谷、樱花谷、红叶谷等一批农旅一体化项目给美丽乡村以新的诠释，不但为乡村振兴找到了新坐标，也为遵义旅游提供了丰富的选择；新蒲湿地公园、天鹅湖、白鹭湖、百灵湖、鸳鸯湖等城市湿地公园群，留守着城市生态的底线，为古老的遵义提供着丰沛滋养；云门囤、李家寨、播州土司遗存等人文和自然景观，以其优越的品质、神奇的形象和深厚的文化内涵吸引着八方来客。这一切，将组成新蒲新区新的旅游星座，闪亮于黔北群山之间。

　　漫步新蒲，处处绿水青山。

规划展览馆

一、新区建设

　　地处中国西南腹地的遵义，四季分明，气候宜人，风景秀美，人文荟萃，是中国首批历史文化名城之一，也是人类宜居城市之一。"遵义"这个名字能留在记忆深处，对很多人来说，是因为1935年在这里召开的举世闻名的遵义会议。当然，让我们记住遵义的或许还有很多原因，比如这里的茅台酒，这里的沙滩文化现象，这里的自然风光，这里的美食。

　　位于遵义老城以东的新蒲新区是遵义城市发展和对外开放的新高地，是遵义重点打造的国际旅游休闲度假目的地，其中新蒲新城将成为遵义市政治经济科教文化中心；礼仪新城是未来遵义的商贸中心和黔北客运交通枢纽；空港新城是生态文明建设的示范区和统筹城乡发展的试验区。漫步新蒲，可见高楼在山与水之间如雨后春笋，拔地而起，与城市绿地、水体和谐共生，宽阔的城市路网带着梦想和希望，向四面八方延展，如遵义人奋进的脚印。站在城市的每一个地方，你都能看得见山，望得见水。

　　我第一次来到新蒲新区，就爱上了她。一般的城市新区给我们的印象往往是热火朝天的建设工地、砍伐的森林、掩埋的水体和钢筋水泥所形成的"森林"，而新蒲新区这样的海绵城市给了我全新的观感。在这里，我看见的不只是高起点的新城建设，还有遵义人对山的关怀，对水的尊重，对文化的敬畏。一座文化特色鲜明，自然生态秀美，宜居、宜业、宜学、宜游的现代田园新城正在成长。我似乎看见那消灭已久的夜郎古国幻化出新的生命，以全新的势态呈现在黔北青山绿水之间，因而有理由相信，新蒲新区正是遵义这座古老历史文化名城的未来。

方便快捷的交通

新蒲新区在贵阳、重庆两地的两小时经济圈内，以机场、高铁、高速公路为主的对外立体交通体系基本形成。成熟的城市路网如充满激情的网状动脉，将新蒲、礼仪、空港三大新城组团，并且和老城区紧密联系在一起，新区内部路网通达便利。遵义机场距离新蒲新城核心区14公里，机场快线、机场城市主干道可实现20分钟到达机场。2017年，机场共起降航班15 000余架次，旅客吞吐量达到150多万人次，其中国际旅客3万多人次。渝黔快铁遵义东站位于新蒲新区礼仪新城，从这里到重庆、贵阳都在1小时之内。交织于新区的杭瑞高速、青檬高速使新蒲拥有了更加快捷的发展之路。

新城路网

新蒲新城

新蒲新城

　　以新蒲街道办事处、新中街道办事处地域为主的新蒲新城是目前新蒲新区开发建设的主战场，是新区建设宜居、宜业、宜学、宜游之城的范例，正着力打造遵义新的经济、政治、科学、教育、文化中心。

　　新蒲湿地公园、人民公园、白鹭湖公园、百灵湖公园、鸳鸯湖公园等城市湿地公园相继建成开放，新中湖公园、洛安湿地公园等近100个山水公园建设正全力推进，山水园林之城指日可待。投资百亿、占地万亩的遵义大学城及遵义四中等一批优质教育资源落户新蒲新城。遵义医学院附院新蒲医院、遵义中医院新蒲医院、遵义医学院附属口腔医院、新蒲新区人民医院正加快建设。遵义国际会展中心、奥体中心、大剧院、青少年文化宫、劳动人民文化宫、科技馆、美术馆、文化馆、规划展览馆、档案馆、文化教

国际会展中心

青少年文化宫

育体育场馆和标志性建筑也陆续建成投用，城市框架基本形成。

在我看来，这些建筑每一座都是精心设计的城市空间艺术之作，充分体现了新蒲新区的建设发展理念和遵义百姓的情感表达。我无比感动于青少年文化宫、科技馆那种融入自然的生态、环境理念；劳动人民文化宫、文化馆、美术馆、大剧院那种带着"遵义红"的文化血脉和不失时代化、国际化的设计感。从这些代表性建筑上，我看见了时光的回眸，也看见了新时代城市建设的工匠精神，找到了人与城市的位置关系和心的归属。

广电新闻中心

档案馆、文史馆

科技馆

劳动人民文化宫、文化馆

大剧院

美术馆

奥体中心

遵义东站

礼仪新城

以礼仪街道办事处地域为主的礼仪新城紧邻遵义市中心城区，渝黔铁路、川黔铁路在此交会，是黔北重要综合交通枢纽、遵义市新兴商贸中心。遵义新火车站（遵义东站）是承载礼仪新城发展的重要角色，是渝黔高铁最重要的中间车

站，占地约130万平方米，有停车场、商务中心、风情街、综合客运站及配套设施建设项目。这里已形成了集物流、旅游、观光、休闲、度假、购物、娱乐、商住为一体的高铁商圈，成长为长江经济带—泛珠三角经济圈—成渝贵经济圈—黔中经济走廊的核心区和主要经济走廊。目前大批项目和城市综合体显现出十足活力，使礼仪新城成为展示遵义现代形象的新窗口。

遵义机场

空港新城

　　空港新城依托遵义机场和独特的生态文化资源，打造集大物流、大健康、大旅游为一体的临空产业集聚区，是遵义市生态文明建设、城乡统筹融合发展、新型城镇化、产业转型升级的典范。空港新城的商务区设置有大型商场、超市、餐饮、娱乐、商务办公等设施和创意产业集中发展区域。此外，还设置有滨水商业步行街区和丰富的休闲娱乐设施。这里以沙滩文化为内涵，打造百里洛安江生态画廊，新型农旅一体化的生态旅游模式基本形成，国际休闲度假目的地形象初显。新城的商业带与自然生态景观带相互交织，互相补充，共同造就了一个高品质城区。

遵义综合保税区

　　遵义综合保税区（贵州新蒲经济开发区）位于遵义市新蒲新区虾子镇境内，核心区规划面积为1.11平方公里，重点发展电子信息、高端装备、特色轻工产业。贵州新蒲经济开发区于2012年8月获批设立，遵义综合保税区于2017年7月

海关

经国务院正式批复同意设立，是实现产业转型升级的载体。园区重点打造电子信息、高端装备制造、新材料三大主导产业，优先培育生物医药、特色食

遵义综合保税区

品、新能源环保三大特色产业，重点构造现代物流和商务商贸两大服务业。在招商引资过程中，坚守加快发展和生态保护两条底线，注重发展资源节约型、环境友好型产业，100余项经济效益好、资源消耗少、科技含量高、带动就业多的项目相继进驻。保税区目前正着力打造电子信息产业园、上海产业园、中小企业园、新材料产业园、中国辣椒物流园、中国工业基础件制造基地、综合保税区、沙滩生态农业产业园、金融商务配套产业区及总部经济基地，向着千亿级产业园区发展目标迈进。

贵州新蒲经济开发区

遵义大学城

　　抗日战争时期，遵义成为接纳内迁机构的主要区域之一，浙江大学、陆军大学等学校迁入遵义。特别是浙江大学在遵义办学的6年多，竺可桢、苏步青等一大批杰出的科学家、教育家在遵义潜心教学与研究，有力推动了遵义文化、教育和经济的发展，对遵义高等教育发展有着特殊的意义。也正是这段历史，开启了遵义兴办大学的梦想。

　　如今，投资百亿、占地万亩的遵义大学城是新区建设中的一大亮点。遵义大学城目前已有遵义医学院新蒲校区、遵义医药高等专科学校、遵义职业技术学院、遵义师范学院、遵义干部学院、贵州航天职业技术学院等进驻。其中遵义医学院前身为大连医学院，是抗日战争胜利后中国共产党创办的第一所医学本科院校，有着辉煌的历史，如今也是国家首批卓越医生教育培养计划项目试点高校之一。遵义医药高等专科学校是贵州省示范性高职院校。

遵义大学城

遵义师范学院是全国文明单位、教育部高等学校红色经典艺术教育示范基地，是一所具有革命传统的学院。

随着各院校的入驻投用，大学城周边文化、科技、餐饮、住宿、休闲娱乐等相关产业如雨后春笋般悄然兴起。人才服务、创新创业服务、小微企业孵化等配套服务，让学校和市场无缝对接。其中，创新创业园与高校共建的大学生创业示范园，采用创业孵化基地、就业培训实训基地、人力资源市场"三位一体"的建园模式，在政府指导下进行市场化运营，构建起"一园多点"的大学生创业园孵化体系。遵义市软件园大学城园区以发展"互联网+企业"、电子商务平台、VR实训体验和IT培训为重点，吸引了大量科技企业入驻。大学城、软件园、创新创业园的结合，形成了"宜学"的良好院校发展生态，凝聚成一股创新、创造的强大活力。

特色街区

黔北老街

黔北老街位于遵义市新蒲新区长征大道与合兴大道交汇处，紧临新蒲湿地公园，与幸福城城市综合体隔街相望。建筑风格是以9个视觉通廊分割出8大合院及1个民俗院馆，其中包括镇远古镇、黔北民居、上海新天地等特色商业街区，包含了"红色文化""古城情调""民居大院""石库门群像""艺术殿堂"等文化类别。黔北老街是遵义目前融合最多建筑风格、人文风情、文化积淀的合院群，是集吃、喝、玩、乐、游于一体的全天候、全业态情景特色街区，深受广大市民和游客的喜爱。

夜幕降临，黔北老街亮丽的夜景灯饰和新蒲湿地公园的灯光交相辉映，极具怀旧情调的黔北老街在夜里也是一道妩媚的风景，为新蒲新区增添了一抹亮色、一道风景。黔北老街的"老"不在于岁月，而在于情怀，别样的风景让你的内心充满宁静，也让一种文化、一种艺术以润物细无声的方式浸润你的生活。

林达美食城

　　每到一个地方，品尝当地的特色美食自然是旅游的一个"公约数"。到了新蒲新区，林达美食城就成了必须光顾的一个街区。作为遵义市首条特色餐饮主题街区，林达美食城是新蒲新区重要的城市名片之一、省级餐饮服务食品安全示范街。街区功能配套不断完善，入驻商户不断增加，入驻率达到了百分之百，良好的管理和运营给"吃货"的我留下了很好的消费体验。这里每年都会举办大型美食文化节，吸引了不少商家前来投资兴业，更吸引了不少游客前来品尝美食。豆花面、虾子羊肉粉等各种遵义名菜、名小吃都可以在这里找到。

平安街

　　平安街位于遵义大学城平安大道与校园1号路交会处。街区沿新蒲新区平安大道中段分布，虽然全长只有2公里，却有26万平方米商业体。四周有6所院校和奥体中心环绕，占据核心要位，区位优势明显。这里是集休闲娱乐、购物体验、文化创意、公寓住宅和创业基地等多功能为一体的智能化时尚潮流街区，业态涵盖主题性青年玩乐城、风情时尚购物街、潮流品牌休闲街、特色美食街区、主题网吧阵地、时尚主题酒店、梦幻电影院、酒吧等。街区全WIFI覆盖，智能化泊车系统、移动智能客户端、非现金支付、大数据云端市场分析处理等的运用，使平安街成为一个智慧街区，年轻而充满创造、创新的活力。

湘江特色集镇

湘江特色集镇

　　湘江特色集镇位于新中街道办事处新龙大道中段，蜿蜒的湘江成为特色集镇的水岸线。湘江特色集镇是统筹城乡发展和推进新型城镇化进程中的一道亮丽风景和一则成功范例。湘江两岸，各式集镇建筑在青山绿水间拔地而起，或居或商，均在园林之中。集镇建设还注重挖掘和传承地域人文特色、地方建筑风格，在保护良好生态环境上苦下功夫，使湘江特色集镇彰显出独特魅力和永久的生命力。

中桥特色集镇

　　新蒲街道办事处着力打造的中桥特色集镇，紧邻遵义绕城高速，仁江河

中桥特色集镇

从集镇贯穿而过。一级饮用水源中桥水库和雄奇的龙角山这一山一水拱卫于集镇西北，两岸青山翠绿，鸟语花香，风景秀丽，空气清新。集镇及周边分布着播州土司遗存、古军事遗存、古桥、古民居等文化遗产。丰富的历史文化遗存、优良的自然生态环境、高品质的居住社区建设，将自然生态、山水景观以现代方式融合，一个集商业购物、行政办公、休闲娱乐及旅游度假的特色集镇正在启幕。

新区"五小龙"

新舟镇

新舟镇是新蒲新区空港新城所在地、全国经济500强镇之一、总人口9万多人的文化旅游大镇，曾三次荣获"全国先进文明镇乡"荣誉称号，也是革命英雄之乡、黔北旅游新亮点。由于西南名刹禹门寺和贵州第二大机场遵义机场等地缘因素和文化特质，新舟成为世界了解遵义的一扇窗。清澈的洛安江穿域而过，四季不竭。新舟甜酸羊肉、禹门卤鸭等特色传统美食享誉四方，香飘万里。保持绿色发展理念，以洛安江为主轴，涵盖平远、平溪、沙滩、禹门等村的洛安江生态文明示范区建设快速而高效地推进，沙滩历史文化名村、十里荷塘·美丽乡村、樱花谷、漫花谷、红叶谷、农博园等一大批项目融为一体的全域旅游态势基本形成。特色鲜明的民居镶嵌在山水之间，处处绿水炊烟，小桥流水，形成了一幅绚丽多彩的新型乡村画卷。

新舟镇

虾子镇

虾子镇

虾子镇是全国村镇建设先进镇，是以辣椒产业和小城镇建设而闻名的中国辣椒城。虾子辣椒已获得国家地理标志产品保护，在《舌尖上的中国Ⅲ》中，有关虾子辣椒的故事和介绍让虾子辣椒更火了。虾子羊肉粉几乎代表着黔北味道。如今，虾子已成长为新区的产业大镇，这里是遵义综合保税区（贵州新蒲经济开发区）的主阵地、遵义市对外开放主平台、新蒲新区经济建设的主战场。以休闲养生、旅游度假为主题的百灵湖、云水湾等旅游景区渐次登场，旅游接待、文化娱乐设施日益完善，给各地客商和企业员工创造了良好的创业与生活环境。

三渡镇

三渡镇是一个特色旅游小镇、全国卫生乡镇，沿杭瑞高速三渡出口下高速即到。"鳖水三渡，云门五关"，三渡因有黔中古道上的三个官渡和播州古关隘而得名，别名三渡关。区内有仡佬族、瑶族、黎族、布依族、土家族等多个少数民族杂居。花灯、瘟灯、龙灯等民俗文化绚丽多彩，八节滩饮食文化独具特色。湄江河、洛安江、茅官河流经境内，东、西、南三面临水，十里湄江画廊奇山异水，交相辉映。湄江河与洛安江交汇处的云门囤旅游景区被誉为人间奇境、黔北奇观。随着云门囤5A级景区创建工作的推进，基础

三渡镇

设施不断完备，服务品质不断提升，景观景点即将升级呈现，三渡镇必将成为遵义旅游的热点景区。

永乐镇

永乐镇旧名茅坡镇，是中国有机辣椒第一镇。区内有仡佬族、苗族、土家族等十多个少数民族杂居，民风淳朴敦厚，民俗繁复多样。这里多属山

永乐镇

喇叭镇

地，全镇海拔在739至1588米之间，年平均气温14.5℃，山水秀丽，生态良好。境内山峦叠翠起伏，丘冈连绵逶迤，森林覆盖率高，空气质量好，是遵义东部的天然氧吧、新区城市发展的生态屏障，适合休闲度假、避暑纳凉。这里有以茅官河、永乐水库、飞云山、唐家山、汪家寨、千年银杏群为主的自然风光，以大关、山虎城古军事屯堡和高洞山古道、飞云庵为主的历史人文景观，还有黔味猪蹄、酸饺子等特色美食，具有巨大的开发潜力和发展后劲，可以与三渡、新舟形成旅游大环线，组成新蒲新区旅游的"金三角"。

喇叭镇

喇叭镇位于新蒲新区南边，仡佬族是世居民族，播州之役后大量外地人口迁入，这里开始迅速发展起来。湘江河、鱼涧河、龙堰河贯通全镇，适宜鱼、虾等水产养殖，水岸田土富饶，适合作物生长。这一带的高山葡萄、百香果等特色水果种植形成规模，产量高，品质好，深受消费者喜爱。这里还有建于清代末期的乐声村风雨廊桥乐庄桥、杨氏民居等传统建筑，典型的喀斯特地貌溶洞迷人洞，秀美的鱼涧河流域风光。来到喇叭镇，可以尽享亲近自然、回归农耕的乐趣。

旅游接待

　　随着新蒲新区城市建设的推进和旅游产业的发展，一大批独具特色的酒店应运而生，从特色民宿到木屋别墅、五星级酒店，丰富多样，特色鲜明，功能齐备，满足了游客的各种需求。位于遵义市新蒲新区新舟十里荷塘之鸳鸯湖畔的翰林山居酒店，位于318自驾营地的木屋别墅，位于湖光山色中的国酒茅台（遵义）迎宾馆，都给我们留下了美好的回忆。

新城酒店

景区木屋别墅

国酒茅台（遵义）迎宾馆

白鹭湖

二、湿地公园

新蒲湿地公园

　　新蒲湿地公园是遵义市第一个城市湿地公园，也是新蒲新区重要的基础设施建设项目之一，公园占地160多万平方米，被誉为"遵义之肺"。公园设施完善、功能齐全，溪水与湿地相互交错，在展示水景的同时，最大限度地顾及周边环境与水的关系，突出了湿地公园的多样性。公园集旅游观光、休闲娱乐、科普教育等功能为一体，体现了中心城区人居环境的生态诉求。

新蒲湿地公园

　　新蒲湿地公园根据地形分为一山一水两大区域。其中，"山"以森林、丛林、丘陵区突出湿地公园的多样性，以青少年活动中心、实践基地为核心；"水"则利用地形，将溪水与湿地紧密联系，紧扣森林、溪水的主题。在展示水景的同时，最大限度地满足周边环境对水的需求。湿地涵养、近水步道、民俗水市、科教展示、苗木种植、中心浮岛、鸟类保护、渔船码头、景观溪流等组成单元都已基本形成。

　　公园之畔，是遵义四中新校区。始建于1915年的遵义四中，在遵义乃至贵州都享有盛名，是贵州省首批重点中学之一。我从遵义四中旁边的酒店窗口远望，湛蓝的天空，如絮的浮云，装点着水草荷叶，闪着波光的茫茫水面，一片空蒙，一派青翠，微风吹起，芳草飘香，心中无比惬意。

人民公园

　　人民公园位于新蒲新区播州大道之畔，由天鹅湖和"新新之轴"城市景观组成，总面积约51万平方米。公园分为天鹅养殖区、生态休闲区、观景阳台区、自然景观区、城市花田区、中心湖区等6大区域，将自然山水与现代城市有机融合，串起从过去到未来的时光轴线。公园里绿色植被丰富，绿化面积达85%，四季皆景，处处是景，是市民游览观赏、休憩娱乐、运动健身的公园绿地。

　　新新之轴起于天鹅湖，止于遵义市奥体中心，是公园的核心组成部分，不但形成了立体交通，也增加了公园的空间层次感。行走在新新之轴上面，可俯瞰周边景色，以健康、生态为主题，串联起公共艺术、商务文化、运动生活三个主题园区。其中，公共艺术区以传承遵义红色文化为主，形成参与式的文化互动学习体验；商务文化区有酒香花园、酿酒广场等去处，同时还加入了诗歌文化等元素，使商务区也有丰富的文化体验；运动生活区以健身场所为主，形成全民健身、全民参与的氛围。新新之轴连接的不只是过去和未来，也连接了创造与生活，连接了遵义人民满满的幸福感。

天鹅湖夜色

新新之轴

文昌阁

白鹭湖湿地公园

　　白鹭湖湿地公园是新蒲新区继人民公园、湿地公园之后建设的又一个湿地公园。公园以生态文明理念为引领，集生态养生、科普教育、休闲度假、文化娱乐为一体，总面积2000余亩（1亩≈667平方米），其中水域面积1000余亩，包含公共艺术、公共活

动、科普教育、活力运动、彩林岩石五大板块以及文昌阁、湖心鸟岛等数十个山水景点。公园设有5个入口。

　　公园为满足现代人休闲健身、吃住游购的需求，还专设有沿湖路、自行车道、慢跑道、人行栈道、栈桥等。公园入口处设有大型停车场、儿童游乐场以及公共服务配套设施和经营性商业设施。

　　夜幕降临，在公园边的小山坡上，可见湖光山色在灯光映衬下，宛如漫天星辰，琼楼玉宇，如梦如幻。

百灵湖景区

　　百灵湖景区位于虾子镇红乐村，是洛安生态文明示范区和新蒲经开区之间十里荷塘·美丽乡村示范带上的重要结点。从虾子镇红乐村至新舟镇沙滩村，沿308县道公路一线，充分保护和利用了村落原有的自然环境和人文生态资源，综合利用多种种植手段，使村落民居和荷田景观交相映衬，绿野烟村，如诗如画，形成了一个开放式的景区——十里荷塘·美丽乡村。

　　百灵湖景区如一幅绚丽多姿的田园风景画卷，是黔北田园风情的一个窗口，是实现百姓富、生态美，产业转型升级、统筹城乡发展的典范。景区建设使这里的生态和人居环境得到改善，人民生活水平得到提升，历史文脉得到充分挖掘和体现。景区内有著名的传统古建筑胡氏庄园，有凌波桥、条石剧场、凌波广场、涵芳广场等景点和配套基础设施，有以虾子羊肉粉为代表的特色美食，是一个集休闲养生、农业科普、运动体验、美食享受为一体的乡村田园观光旅游胜地。

　　在这里，望得见山，看得见水，记得住乡愁。

鸳鸯湖公园

　　鸳鸯湖公园位于历史文化名村新舟镇沙滩村，也是十里荷塘·美丽乡村示范带上的一大亮点，与百灵湖景区紧紧相连，总用地面积334亩，其中水域面积215亩，由上龙潭和下龙潭组成，故称鸳鸯湖。因这里是清朝嘉庆年间进士王青莲故居，也被称为青莲湖。王青莲是沙滩文化名人之一，少时曾在禹门寺黎氏家塾读书，中进士后授江苏崇明知县，后升江宁知府、山西冀宁道员、广东按察使、山东布政使等职。

　　鸳鸯湖西北为景澜翰林山居酒店，东面为王青莲故居——翰林古村。公园主要景点有青莲广场、翰林广场、涟漪广场、青云广场、飞鸿桥、湖心莲

翰林山居

岛、天光水廊、青云台、涵亭台、何陋轩等。上下龙潭犹如两颗碧蓝的大宝石镶嵌在山林村落间，水岸总长2.9公里。徜徉其间，听潺潺流水，赏乡村美景，品翰林文化，好不惬意。城在园中，园在城中，由此可见，新蒲这片新兴的土地正是一块自由呼吸的城市海绵。

湖畔小景

荷塘夜色

三、洛安江生态画廊

　　洛安江古称鳖水、乐安水，是湄江的一级支流，发源于绥阳县西北部，进入遵义市新蒲新区后经绿塘汇入湄江，全长93公里，宛如一条玉带，串起绿塘河、沙滩、云门囤等一颗颗景观明珠。洛安江流域是大娄山东麓平缓丘陵地区，是古代濮人世居之地，商周时期属于鳖灵部族中心区，战国秦汉时期为夜郎国中心地区，汉武帝时期设置犍为郡，治所鳖邑，唐代称为罗安江。昔日的遵义被称为"黔北粮仓"，而洛安江流域被称为"遵义粮仓"，可见洛安江沿岸土肥水美，植被葱郁，风景极其秀丽，堪称生态画廊。历史上的洛安江，由于地处偏隅，交通不便，难被外地旅游者所熟悉，然而也正因如此，它得到了更好的生态保护，为今天的新蒲新区旅游发展留下了一笔巨大的生态财富。随着洛安江流域生态文明示范区建设和其他旅游项目建设的推进和城乡统筹融合发展，洛安江生态文化走廊旅游带形象已经初步形成，正朝着国际休闲度假目的地阔步前行。

除了沙滩、十里荷塘、云门囤，洛安江流域以平远村为核心的大片区域还有很多浪漫的去处，樱花谷、漫花谷、红叶谷、百草园、农博园等一大批休闲度假旅游项目，开始向世人揭开洛安江神秘的面纱，展露她自然而娇美的容颜，同时也为乡村振兴战略和农旅融合发展积累了宝贵经验。

樱花谷

樱花谷位于新舟镇平远村，是一个以樱花为主题的现代农业园区。园区充满了浪漫、唯美的时尚气息，是新型花卉苗木博览主题农业科技园。园区主要游览区域包括入口景观区、樱花林和湿地。拥有世界各地珍稀樱花30余种，海棠、桃花、红霞杨及各种适合湿地种植的水生植物100多个品种。四季鲜花盛开，绚丽夺目，时常姹紫嫣红、春意盎然。

园内还设有活动场所、服务中心和餐饮服务等项目。每逢阳春三月，满山遍野的樱花和大片大片的郁金香一起绽放，一年一度的樱花文化旅游节如期而至，春风拂面，花瓣纷飞，清香四溢，这里便成了花的海洋、人的海洋、欢声笑语的海洋。

漫花谷

漫花谷位于新舟镇平远村樱花大道与机场高速交汇处，是平远村村委会所在地，与樱花谷、红叶谷、农博园等项目相邻，是遵义市农旅一体化示范点，也是一个以花卉为主题的四季花海休闲旅游主题公园。园区占地255亩，集花卉造景观光，花卉农产品深加工、体验、销售为一体。园区内花卉品种繁多，涵盖不同季节，注重依势造景和相互关系，在提供旅游观赏的同时，也全面照顾了植株、花卉、果实的更多功用，充分实现了农旅一体的发展愿景。

园区不但漫山遍野四季花香，如世外桃源、人间仙境，还建有游客服务中心、停车场，提供游憩演艺空间、游园梦工厂、花卉市场、阳光餐厅、木屋别墅、水上乐园、花海婚庆和婚照摄影、萌宠动物园、跑马场、CS基地、农特商场、花茶制作、农耕文化等休闲娱乐旅游体验和服务项目。漫花谷自2016年开园以来，引来了无数游客。目前二期工程已基本完成，有更多的旅游项目进驻园区，更加亮丽的花海景观即将呈现。我们有理由相信，平远村这类曾经的荒谷野岭，必将成为遵义休闲旅游的亮丽名片。

红叶谷

红叶谷地跨新舟镇平远、槐安两村，景区以原生态山林、湿地为依托，以各类红叶树木为载体，结合海棠、桃花及各种适合湿地种植的水生植物，打造出一个集生产经营、生态旅游为一体的现代化农旅融合发展的休闲旅游景区。区内拥有包括美国红枫、日本红枫、国王枫、北美鹅掌楸、美国红栌等在内的世界珍稀红叶树20余种，有镜湖、棕榈园、岩生园、湿地景观、花坡等景点，美不胜收，让人流连忘返。迎宾潭、林荫小道、休闲咖啡馆、山地酒店、拉膜餐厅等基础配套设施完备。

景区还设有占地300多亩的自驾游营地。营地按照营地四星标准装配，营地酒店不但有充足而多样的客房，还设置了房车营位和露营区，设有游泳池、越野基地、儿童乐园、自助烧烤区等设施，是商务、旅游、会议、联谊活动理想的举办地。营地可以便利地于洛安江生态文化走廊上的樱花谷、红叶谷、农博园、漫花谷等多个景区之间往返。

我到红叶谷的时候是春天，加上这里正在进行升级打造，没能欣赏到满山红叶的美景，虽然田园美景、传统民居也让人心醉，但心里还是在想，这个地方得重新来过。

玫瑰园

贵州农业博览园

贵州农业博览园位于新舟镇槐安村，是西南地区最大的综合性现代高效农业示范园区，是农业部、团中央授牌的全国青少年农业科普教育示范基地，集农业科技推广、科普教育、生态旅游、休闲观光于一体。园内设高新农业科技区、农业科普示范区、休闲度假娱乐区、

农耕文化展示区、乡村旅游观光区、体验农业区6大板块，包括牡丹园、玫瑰园、白果园、景源湖、精品水果展示园、精品蔬菜采摘园、精品水果采摘园等，包含了农业科技研发、科普教育、农产品展示销售、旅游观光等功能，寓科于游、寓教于游、寓乐于游。目前农博园还在建设中，部分试开园，特别是300亩玫瑰园开放后，每至花期，满山遍野姹紫嫣红，深受市民喜爱。

湄江

四、云门囤景区

云门囤景区位于新蒲新区三渡镇，洛安江与湄江、湘江交汇处，在大岩门、牛角塘、鱼剑坝、天门洞一带，是国家4A级旅游景区，曾荣获"全国十佳生态建设示范景区"称号，目前正在升级打造，以创建国家5A级旅游景区。景区南抵渡上关，西北至洛安江鱼剑坝，北至古盐道、官盐坝，游程以水路、陆路构成环线，具有良好的空间组合关系。

云门囤因明万历年间，播州宣慰使杨应龙在这里据险设隘，驻兵屯守而得名。至于这个"囤"字，在相关文献和资料中用得很乱，叫云门囤、云门屯、云门坉、云门墱的都有。景区包括洛安江风光、云门奇观、湄江画廊、牛角塘天眼地缝、夜郎古道等几个主要区域。这一带群山环抱，绿水交织，时常云雾飘浮。江流穿越被当地人称为"穿洞"的神奇山体"天门"，三江汇流，山水相融，原生态植被的高原峡谷、喀斯特地貌的穿洞奇观，是不可多得的人间奇景。

《遵义府志》"云门坉"条载：云门坉在城东南百里。高百余丈，两山合顶如驾桥。其下乱石林立，乐安水绕，石缝中喷白蚴绿，二百步会湄水，当其触穹冲拥，云战雪哄，声闻数里。《通志》谓"乐安水，穿出袁门坉山"，是此也。坉东西分湄、遵界。坉北半岩木榔，传二百年前有之，今犹如新。坉南半岩有三尺道，道旁石若碑者高丈，广三四尺，厚二三尺，拳石承之，甚固，人或登其上，不少动。坉下当涨退，可缘石左右跳，往来钓鱼，遵、湄同箸。仰视坉顶，如藻井倒茄，披葩狒猎，盖合抱树也，俗呼为"倒生树"。东岩畔，虽晴日，时洒白雨，溅珠散玑，其中绝风凉，外自三伏，恍然秋杪。

云门坉景区被遵义多种历史文献记为胜景，大加称赞，如今更是深得各方游客所喜爱，誉满四方。

云门奇观

走进云门坉景区，在洛安江岸坐上游船，可见身边峭壁屹立，怪石嶙峋，水面碧波荡漾，两岸山色空蒙，天水之间，百鸟翻飞，宛如走进了梦幻

般的画境。游船经过一段平如绿镜的江面，江流被一面高耸的山崖所阻，向东急转，山崖间一个巨大的山体穿洞如天门般呈现在眼前。洞高约100米，宽约80米。天生桥山体横岩飞架于江流之上。透过天门和山顶，可见飘浮的朵朵白云，一幅美如仙境的画卷向我们徐徐展开，这就是云门囤景区的核心景观——云门。

云门囤汇聚了云贵高原典型的喀斯特地貌精华。以前云门之下乱石林立，江水川流喷涌，一路惊涛骇浪，风雷震吼，似大雨雷鸣，使人惊心动魄。古人还在云门东石壁上刻有"神雷吼"三字。如今，因下游筑坝建了电站，水位上升，风怒雷吼的洪波已经没有了，呈现出的倒是高峡平湖、碧水青山的和美之景。

十里湄江画廊

乘船穿越天门，江面豁然开朗，可见两江汇流，这里就是湄江、洛安江交汇处。继续前行，两岸悬崖峭壁，峰峦起伏，如一幅山水长卷，在眼前徐徐展开。北岸石壁上，有放置悬棺的痕迹，这是古代僚人的岩棺。暗河、

伏流、溶洞、石钟乳等多种地质奇观和葱郁的植被，形成了湄江十里画廊，美不胜收，让人目不暇接，十分动人心魄。经过江流的一处拐弯，眼前出现一片弯月形江面，两岸奇峰伫立，如角似笋，大自然的鬼斧神工无不让人称奇。游船又穿行在巨大的石柱之间，清冽的山泉从峰顶、从崖壁飞流直下，微风吹来，如细雨纷飞，在阳光中如珠闪烁。游程中，天眼、地缝等地质奇观令人叹为观止。

在云门囤东山还有一大溶洞，洞口高约3米，可容百人进出。洞内约千余平方米，显得非常宽广，石笋、石钟乳形态万千，风情万种。此外，洞内岔道极多，有如迷宫一般。

云门囤之美，美在山与水的和谐，美在刚与柔的融合。江水的柔美和山岩的刚毅，让我在心旷神怡之余，不但感受到造物的神奇，也体会到中华传统文化中"刚柔相推，变在其中"的道家哲学思想。

天眼地缝

在景区的湄江一端，可欣赏到人面蜘蛛、飞瀑彩虹、莲花峰等美景。湄江两岸乱石嶙峋，石柱和周边山体的组合如一朵莲花，因而得名。莲花峰独立挺拔，像一根擎天石柱，高约40米，三面悬崖峭壁，南坡较缓。据说石柱顶部居然还有1亩半的平地，想来这地也只有留给天人耕种了。

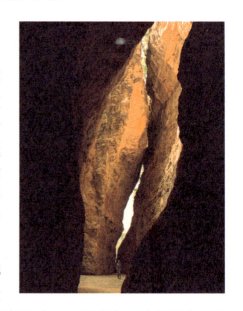

在牛角塘，最为神奇的还是天眼地缝这一奇特景观，凡见过的无不惊叹大自然的鬼斧神工。有说地缝距今已有千万年历史，因云贵高原地壳运动的张力撕裂了山体而形成，我们把它喻为"天地一线牵"。地缝全长200多米，高百余丈，走进去可感觉凉风习习，奇幻无穷。在地缝的一头，有一个较为宽阔的地下"大厅"，地缝口那尊石柱如巨佛耸立。站在这里，仿佛置身于一座神秘的宫殿，平添几分敬畏之心。

夜郎古道

云门囤属洛安江门户，古鳖县腹地。临水悬崖被称为大龙崖。传说龙王在水中嬉戏玩耍之后，常到大崖下蹭蹭挠痒痒，久而久之，山崖被龙王蹭出龙形，大龙崖由此得名。过去有人在崖下塑观音，供奉观音娘娘，因此又叫观音崖。在悬崖之上，至今保留着长约2000米的古道，当年的贩盐人必经此道，稍有不慎，连人带盐就会滚下激流。

梭米河漂流

梭米河发源于永乐镇，是湄江河的支流，它因"梭米孔"的传说而得名。遵义和湄潭以此河为界。梭米河已开发、开放全程8公里自助漂流，从起漂点梭米孔村顺流而下至牛角塘，用时在3小时左右，是云门囤旅游的重要季节性体验项目。其中上游3公里河水清澈，景色绝美，悠然飘逸；下游5公里峡谷俊美，水流湍急。游客可在漂流中领略大自然的神奇魅力，体验融入大自然的激情。

云门囤景区还有大金山、龙潭、虎穴、大风帆等景观。目前景区正在进行5A级景区升级改造，景区道路、游客中心、停车场等基础设施将全面提升，景点布局、旅游要素和智慧化旅游体验将进一步优化。可以预见，在不久的将来，云门囤还会有更多景致，将以更加美丽动人的容颜展现在游人面前。

第三编

魅力新蒲

　　从秦汉至明末，今新蒲新区境内的世居民族是仡佬族。仡佬族先民濮人、僚人或许是这片土地上最早的开发者，今境内还有不少含有"濮、僚"声韵、与仡佬族先民有关的地名，如洛安江又称夷牢水、夷僚水，新蒲旧名老蒲场等。明末，特别是播州之役后实施改土归流，外地人口大量迁徙入境，民族结构发生了巨大变化，形成以汉族为主体的人口聚落形态。这种民族大融合从一定程度上促进了文化的交流和融合，造就了今天新蒲新区"新"的特质，形成了丰富的民俗文化、多彩的民俗风情和包容自信的文化态度。

　　新蒲的魅力在于丰厚的文化内涵、良好的生态环境，更在于这方水土独特的民俗习尚、丰富的节会活动、多彩的民间艺术和令人回味无穷的新蒲味道。吃、住、行、游、购、娱，细细回想，每一项需求，新蒲都给出了很好的回应。我会继续行走远方，但一定不会忘记新蒲那柔软的面容，那淡淡的蒲草味道。

一、民俗习尚

生产习俗

新蒲新区原以农业、手工业为主，因而有很多生产习俗。在农事方面，有开耕的习俗，开年后，逢干支第一个庚日驾牛犁地，表示开耕，无论天晴落雨，都要略犁几铧，作为开耕的象征性仪式。有忌戊的习俗，立春后，逢戊日不能动土，认为不忌将遭冰雹等天灾，要忌满五戊，其中三月三日忌大戊，有民谚说"大戊三月三，田不犁，土不翻"。在工匠方面，习俗更为繁复。有师徒传承的习俗，拜师学艺要写《投师约》，要为师傅备制衣帽鞋幛等礼品到师家叩头献纳，师傅回赠工具一套，出师后过年过节还要行谢师之礼。造桥有挂斩龙剑的习俗，建新桥时，要请风水先生"收邪怪"，然后才能兴工，施工时要在桥下卷拱的正中悬挂一把铁制斩龙剑镇伏河怪。建新房有抛梁的习俗，上新房大梁时，掌墨师以雄鸡祭梁，并高坐梁上吟唱吉联祝词，向下抛洒糯米粑、泡粑，让在场众人哄抢。还有开财门的习俗，财门指房屋的大门，新大门钉好后即关闭，要请福寿双全的人扮"八仙"，携礼物来"送财"，掌墨师在门内与送财人进行对答，说过赞语吉利韵白后，才开门迎入。

生活习俗

　　在衣饰方面，清末至民国年间，平民男子多穿直领对襟布钮短衣和大管长裤，中年男女多以白布长帕包头，衣裤多用土布缝制，颜色以蓝、黑为多；妇女多穿直领右衽短衫，腰身宽大，下摆超过肩宽，称为琵琶襟，习穿长裤，裤管稍小，爱穿花围腰，缝缀银饰。如今在衣饰方面已经没有太多地方特色。在居住方面，注重选址，要考虑交通、用水方便，地势避风，干燥向阳，距柴山、田土较近等因素，还要考虑风水问题。在房屋结构上一般为四列三间，正中一间退后一柱为"吞口"，中堂后壁设神祖牌位，每列常见为五柱、七柱或九柱。房屋周围喜种果木、竹子或其他常青树。在出行方面讲究择吉出门。在游艺方面，儿童喜欢跳海、跳绳、抓石子、唱儿歌、办客客、抱蛋、打铜钱、走五马、下和尚棋等游艺活动；成人多在春节期间举办灯会，举行玩灯的活动。在婚嫁习俗上，曾有背带婚、转房婚、招养婚等习俗，自改土归流后，婚俗逐渐与汉族一样，实行"六礼"。

信仰习俗

旧时，人们认为万物有灵，敬奉太阳、月亮，崇拜土地，还有很多原始的信仰和崇拜现象，神石、神树等各处可见，如新舟镇沙滩村大桥下的水红树，常年被烧香挂红。农村地区还有敬奉牛神、雀鸟神等习俗。民间多崇拜祖先，敬畏神鬼，在家中要置香盒、神龛，设"天地君亲师位"和祖先牌位，表达对神灵的敬畏和对祖先的孝敬与追念。在旧时，民间还有做道场、跳端公、收病、求子、求雨、解关煞、抽花书等习俗。随着时代的发展，人们对自然和科学的认识不断提升，很多民间信仰习俗已逐渐消失。

节日习俗

仡佬族有传统节日祭山节，一般在三月初三举行，也有的在三月首寅或首巳日举行，以村寨为单位组织，献祭山神、神树，并祈祷保佑族人。神树所在山坡被人们视为神圣之地，不得放牛践踏，不得砍伐树木。仡佬族还有一个重要的传统节日，是吃新节，在农历七月初七或七月第一个辰日举行，要提前发好麦芽、豆芽、谷芽，挂在堂屋中柱上，一直供至七月十三。吃新节一系列的祭祀活动之后，人们才开始享用秋收的新粮。

苗族最主要的传统节日是踩山节，在每年的正月初一至十五举行。人们在山坡平地上竖一根系着松柏枝条和鲜花彩旗的花杆，作为采花山的标志。先由年长者向人们敬酒祝福，之后敲锣打鼓，吹起芦笙，放起鞭炮，男女老少跳起蹬脚舞，一片欢腾。

二、会展活动

樱花旅游文化节

　　随着新区旅游的发展，一些旅游文化节会活动已丰富起来，其中，樱花旅游文化节、林达美食节等深受市民喜爱，也进一步提升了新区的知名度、美誉度，对聚集新区人气有积极的作用。樱花旅游文化节在樱花谷景区举办，景区樱花种植规模大、品种多，拥有5万多株连片樱花大树，花期场面令人震撼。这一旅游文化节坚持红色传承，坚持绿色发展的理念，组织周密，内容丰富，是新蒲新区近年来培育的品牌节会活动。樱花节期间，还有诸多旅游商品、地方名优土特产品和特色美食齐聚樱花谷，让广大游客既饱眼福又饱口福。景区还会组织一系列的演艺和互动活动，营造出浓郁的节日气氛。

国际辣椒博览会

中国·遵义国际辣椒博览会（简称辣博会）于2016年创办，每年在新蒲新区举行。每届辣博会都吸引上千国内外知名企业家、专家、学者及行业领导参会参展。博览会期间，除了举行开幕式和"椒红天下"主题晚会外，还有辣椒产业链观摩考察、辣椒产销对接会、主题演讲与论坛、国际采购商大会暨辣椒产业招商引资推介会、展示展销等一系列配套活动。

辣椒产业是遵义重要的农业产业之一，全市辣椒种植面积居全国十大辣椒主产区第一位，有包括全球销售量第一的辣制品加工企业——老干妈分公司以及贵三红在内的辣椒加工企业数十家，形成油辣椒、泡椒、豆瓣酱、剁椒、辣椒酱、糊辣椒、干辣椒等百余个品种。其中以"老干妈"领衔的油辣制品优雅细腻，香辣突出，回味悠长，享誉全球。自2017年起，辣博会还利用"互联网+"开展网上辣博会，充分运用网络平台开展网上宣传、网上销售、线上线下互动等系列活动。

辣博会的举办，对开拓市场，提升知名度和影响力，为辣椒加工企业搭建良好平台等起到积极的作用，同时也实现了产业与文化、旅游的融合，助推了文化、旅游事业的发展，实现了多赢。辣博会已经发展成为遵义市最为重要的展会活动。

市花盆景奇石展

遵义市市花盆景奇石展由遵义市政协教科文卫委员会、遵义市园林绿化局、遵义市盆景协会等单位共同举办，每届活动均展出以杜鹃花为主的千余件作品。

杜鹃是遵义市市花，又名映山红、山石榴，是中国十大名花之一，在遵义市分布极为广泛。展会意在展示遵义市丰富多彩的花卉盆景和奇石艺术，同时也展现花卉市场的巨大潜力和艺术价值，提升城市文化艺术品位。展会期间，主办方往往还会组织相关的书法、美术、摄影等视觉艺术的展览活动，为市民带来赏心悦目的视觉享受，让市民受到美的熏陶、艺术的感染。

美食节

以黔北老街、林达美食城为市场依托的美食节每届都为广大市民带来美食盛宴，深受欢迎。美食节采用市场化运作模式，为市民提供吃、喝、玩、乐一站式游乐体验服务。林达美食街主办的美食文化节组织了来自北京、重庆、成都、浙江、广东等省市地道的传统美食，请来了世界各地的艺人表演助兴。游客可以品尝到正宗的意大利面、英国炸鱼排、墨西哥玉米脆饼等各种世界名小吃。黔北老街主办的美食节还准备了空中餐厅、世界美食展、疯狂烧烤、音乐狂欢、国粹戏剧等丰富多彩的活动以及新疆羊肉串、武汉热干面、美式汉堡、巴西烤肉等一百余种世界各地的美食。通过历届美食节的举办，各市场主体也积累了展会组织经验，为发展会展产业、将美食节打造成一个旅游会展品牌做出了积极的探索。

三、民间艺术

花灯

《遵义府志》载："上元时，乡人以扮灯为乐，用姣童，作时女装，随月逐家，双双踏歌，和以音乐，艳以灯火，抑扬俯仰，极态增妍，谓之闹宵。"这是遵义见之文献较早的有关花灯的记载，其中，新蒲新区的三渡花灯在遵义有着代表性意义。

传统花灯是一种在春节期间，由民间吹打器乐、说唱和舞蹈相结合的游乐演唱形式，往往在每年春节初三后择期出灯，开始一年一度的花灯巡游演唱。演出的主要道具就是各式各样的花灯。花灯用竹丝编制成各种形象生动的造型，外面糊上皮纸，画上花、鸟、虫、鱼、山水图案或写上诗句、对联。玩灯时间往往是在傍晚，灯笼里点上蜡烛，透亮异常，十分漂亮。一个灯队通常有6～8个人负责灯笼，3～4个人负责锣鼓演奏，一个负责说白的角色叫唐二，一个男扮女装的丑角叫么妹。花灯队的组织者称为"灯头"，组织的过程称为"团灯"。灯队在出灯之前先要派人散帖联络，提前约定接纳花灯演唱的家庭、寨子、门店。

出灯时，由排灯在前面引路。排灯是一个上宽下窄的菱形灯笼，往往贴有"风调雨顺家家乐，国泰民安处处春"之类的喜庆对联。灯队到达约定的演唱地后，唐二打着灯笼，绕着圈子，边跳边开始即兴说春，如："春啦春，你在哪里生？你在哪里长？北京城里生，新蒲新城里长……看官不会说，说个撮箕来刹角（结束），主家的票子用撮箕撮，打起你的锵咚锵，甩起我的大牛角。"随后锣鼓声响起，就开始了演唱，由唐二领唱，一边说唱，一边跳舞。

三渡花灯曲调牌有数十种之多，往往是当地一些传统民歌，如《采茶》《倒采茶》《绣洛阳桥》《祝英调》《柳荫调》《五更转》《十绣》《绣荷包》等。曲调、唱腔、形式也十分丰富，出色的唐二多即兴编唱，诙谐幽默，动作滑稽，极具喜庆色彩。演唱完毕，主人都会送上红包，甚至请吃夜宵。临走时，大家还要说一些吉利话，表达对主人家的新年祝福。

瘟灯

新蒲新区的三渡瘟灯也很有些名气，其歌舞演唱形式大体与花灯相同，不同的是瘟灯有明确的演唱目的，那就是为主家驱逐瘟神，祈求平安。道具中会多一只关键的瘟船灯笼，排灯香位上也要写上"驱逐瘟神"字样。灯队进主家门后，先由一人手执木制大刀挥舞劈刺，凶神恶煞地吆喝，唐二随即手执绳剑起舞，吆喝"扫除瘟神"。接着锣鼓声起，开始唱灯。瘟灯结束时也说吉利语，但最终要以扫瘟神的话语结束。

瘟灯往往在正月十四日收灯，这一天灯队要聚餐，称为吃散灯宴。散灯时还要做一场送瘟神的化灯道场，然后把花灯、瘟船、排灯等道具送到荒郊河滩焚烧掉。

龙灯

　　新蒲新区各地都有春节玩龙灯的习俗。龙灯往往在正月初九出灯，称"上九出龙"。传统的花龙是用篾丝绑扎后裱糊而成，龙头和龙尾绑扎特别显制作工艺水平。龙头形象要扎成大张口，有角、有眼，生动有神。龙头有扎成平龙头的，也有扎成弯颈龙头的，其中弯颈龙头对制作工艺水平要求更高。龙头、各段龙身和龙尾用绳子串起来就是一条龙了。一条龙一般由七至九节组成，每节有一根木把，演出时由一人负责执撑。还做一个球形灯笼，称为"宝灯""宝珠"。

　　玩龙灯时，也由排灯引路。各节龙身灯、宝灯内点上蜡烛，每段龙身由一人撑着，随着锣鼓声的节奏舞动行进。玩龙灯时，举着龙头的艺人是一个关键角色，要和玩宝珠的人配合默契。龙头张着大口总想吞进眼前的宝珠，而宝珠左翻右拐不让龙头吞进，龙头跟着宝珠翻腾扭动，后面各段龙身、龙尾跟着龙头游动，曲折翻腾。随着宝珠舞动的快慢高低变化，龙身翻腾速

度、运动幅度也要相应变化。每当进入龙舞高潮，主人家也将参与配合，燃放烟花爆竹，甚至打铁水制造火花。宝珠、龙头、龙身在火花烟雾中上下翻飞，时隐时现，场面十分壮观，气氛十分热烈。

打闹歌

新蒲、虾子、新舟、永乐等地乡村旧时都有"打闹"的民间习俗，是一种伴有打击乐的说唱艺术形式。新蒲打闹歌甚至闻名全国，1965年，新蒲女歌师刘成义因打闹歌唱得好，出席了全国青年业余文艺创作积极分子代表大会，还受到了周恩来、朱德、彭真、杨尚昆等党和国家领导人的接见。新蒲打闹歌也因此走进了央视，广为人知。

以前，新蒲一带山区农民在换工薅草时，请来打闹歌师，手提铜锣，边打边唱。打闹不但使劳动增添了乐趣，也有督促监工的作用。歌师发现出工卖力的，就在歌声中进行表扬；发现偷懒的，也唱歌进行愉快的批评。歌词除了一些当地流传的民歌，往往是即兴创作，随口而唱。有逗笑取乐的，也有唱传说故事的。如开头唱"今天打闹来得迟，来到龙溪买马骑。三年两年龙溪马，不到龙溪我不骑"，结合生产唱"锣沉沉来鼓沉沉，今天薅草几十人，有些薅起前头走，有些落后好丢人""今天薅草干劲高，一个二个比齐薅，只见锄头在飞舞，不见一个伸懒腰"。打闹常用曲调有歌头、慢号、快号、散歌、慢三锤等。唱歌中间还有讲板，即说白话，如："太阳出来照一照，照见主家在打闹。喊的工人又不齐，换的工人又不到。管他齐不齐，到不到，早晨二十四把镰刀到，黑来二十四把锄头到，边头角旯儿要挖到，挖到割到，割不到，旁人看见要耻笑。"

跳芦笙

新蒲境内苗族同胞以前在举办婚嫁、造房、福寿、年节等节庆活动时，常开展跳芦笙的舞蹈活动。这一民族舞蹈形式气氛热烈、富于变化，深受广大群众喜欢。芦笙舞主要道具为芦笙，可一人跳，也可多人跳，舞姿动作复杂多变。所表演的节目有的难度极高，如表演《滚山珠（子落夺）》时，地上置4～6只碗，摆成一个圆圈，碗中倒上酒，舞者双脚站在圈外，头在圈内，头脚支撑起拱门状，腰悬空，以头为轴心，沿圆圈轮番翻过，做出吹笙倒立、蛤蟆晒肚等动作。表演《巧喝酒（柔吼纠）》时，地上放一根长板凳，板凳上放一只装满酒的大碗。舞者一边吹芦笙，一边从板凳下钻过，并喝完碗中的酒。《勾脚芦笙（估夯它兜）》则主要用于祭祀活动，表演时，地上置一竹杆，竹杆上挂一面牛皮鼓。一人击鼓敲边，舞者应鼓声边吹芦笙边跳舞，时而勾脚抬腿，时而相互碰膝、击脚。如今，跳芦笙已经成为苗族人民在各种文化活动中必不可少的表演形式了，而且编创了不少难度极高的群舞，造型中还有钻洞、叠罗汉、托罗汉等动作。

阳戏

阳戏是永乐等地流传久远的一种酬神还愿的古老剧种，多用于庆坛、祝阳寿、庆阴寿等。《遵义府志》载："歌舞祀三圣，曰阳戏。""每灾病，力能祷者，则书愿帖，祝于神，许酬阳戏。既许后，验否必酬之。"在遵义，黔湘巴楚文化交融，并且以踩堂戏、傩堂戏为代表的其他地方剧种都给阳戏以特别的艺术滋养，因此，从阳戏的表演中，我们可以明显地感觉到流行于西南各省的其他民族民间歌舞和一些地方戏曲剧种对阳戏的影响。

阳戏的演出多为酬神还愿、驱鬼逐魔、消灾降福、庆贺生辰等。新蒲新区境内旧时有多个阳戏班子，大多由能唱戏的巫师和民间艺人组合而成，他们应邀在主家临时搭台表演，剧目依照主家演出的目的有所选择，如生辰唱《八仙上寿》，求子唱《仙姬送子》，祈福唱《天官赐福》，再辅以其他剧目，就组合成一台阳戏。传统剧目有《桃山救母》《锁孽龙》《壁山图》《坐虎针龙》《药王收柳》《席棚击掌》《黄金诰》等。演唱常用曲牌有辰河腔、木腔、阳戏腔、坛戏腔、平板、数板、西皮、二流等。表演时有多个角色，分别有不同的服装和道具，道白均用方言，表演形式极具神秘色彩。如今，阳戏这种表演形式在民间基本绝迹了，但其传承人尚存，作为非物质文化遗产保护项目，作为一种古老地方剧种，急需挖掘、研究、保护和传承。

四、新蒲味道

新蒲新区食材丰富，加之多民族聚居，又毗邻川渝，饮食习俗和风格既具有地域特色，又融合了周边饮食文化，经年累月，逐渐形成了咸鲜、香辣等独特味道。新蒲新区的辣椒是这一系列美味中不可或缺的配角，它不但是全国辣系菜中的首选用料，也是黔北菜系的关键所在。

辣椒制品

辣椒产业是新蒲新区的农业支柱产业，是全国闻名的辣椒主产区。辣椒及其制品在中国各大小城市的农产品市场及东南亚、日本等国家和地区都有销售，深受人们喜爱。其中，虾子辣椒获国家地理标志产品保护，特别是虾子朝天小辣椒以个匀、饱满、肉厚、油润鲜红、味道香辣等特点蜚声海内外，被评为"贵州省名优辣椒"，曾获国际农业博览会金奖。

辣椒制品更是品种繁多，有泡辣椒系列、油辣椒系列、剁辣椒系列、干辣椒系列、休闲礼品系列等数十个品种，其中贵三红等品牌产品以其口感独特、香辣突出、百食不厌等特点深受消费者喜爱。

虾子羊肉粉

贵州各地都喜食羊肉米粉，但遵义最为有名，又以新蒲新区虾子羊肉粉尤为地道。米粉洁白如雪，羊肉熟而不烂，汤汁鲜淳香浓，曾获评为"中华名小吃"，已列入遵义市非物质文化遗产代表性项目名录。羊肉粉的主要原料是羊肉、米粉或米皮。羊肉粉最讲究的是鲜羊汤。熬羊肉汤时先将鲜羊肉、羊骨、母鸡放入锅中，小火慢炖，汤中加入少许冰糖。这样熬出的羊肉汤清而不浊，鲜而不腥，尤为鲜美。将汤中煮熟的羊肉、羊杂捞出，切片备用。发好的米粉在开水里煮数秒便盛入碗中，然后在米粉上放上切好的薄羊肉片、羊杂片，浇上辣椒油，撒些花椒粉、蒜苗、葱花、芫荽等作料，最后加入热气腾腾的羊汤即成。

柴火辣子鸡

新蒲新区各地兴旺的辣椒产业使这里成为全国著名的辣椒集散地，虾子辣椒更是获得了国家地理标志产品保护，新蒲也形成了一系列与辣椒相关的菜品、小吃、佐餐酱，其中的辣子鸡便是选用虾子辣

椒制作的一道名菜。相比湘渝等地用干辣椒炸出来的辣子鸡，我更爱新蒲辣子鸡。它是用独具特色的糍粑辣椒与鸡肉一起，在铁锅中用柴火炒制而成，没有了川湘的火爆，多了几分清悠绵长，两种食材的味道相互交融，幻化出极致的美味。

制作新蒲柴火辣子鸡时，先将宰好的鸡剁成小块，用料酒腌制入味，然后下油锅炒5至8分钟，断生后捞起备用。将优质虾子辣椒放入开水中煮5分钟左右后捞出放入清水浸泡，使辣味降低，颜色更红。将泡过的辣椒和姜、蒜一起捣碎成泥，做成糍粑辣椒，这一步是新蒲辣子鸡的关键所在。将糍粑辣椒入油锅炒香，再倒入断生的鸡块继续翻炒，翻炒过程中往锅里加少许白糖、酱油，再加适量高汤焖上几分钟，放少许盐、蒜苗、葱花等作料调味配色，起锅即可。食客们也喜欢围坐在柴火锅一周，以小火慢慢煮着，就着锅灶趁热食用。

禹门卤鸭

禹门卤鸭历史悠久，其制作技艺已被列入遵义市非物质文化遗产名录，早在清朝年间就成为遵义人待客的席上珍品。鸭肉营养丰富，在中医看来，其肉性味甘、寒，入肺胃肾经，有滋补、养胃、补肾、除痨热骨蒸、消水肿、止热痢、止咳化痰等作用。禹门卤鸭精选沙滩当地土鸭卤制，将祖传秘方与传统卤制工艺相结合，采用几十种天然配料和中药材卤制而成，具有肉质鲜嫩、淳香爽口之特点，深得广大食客的喜爱。

新舟甜酸羊肉

新舟甜酸羊肉是一道极具地方特色的名菜，食材考究，技法独特，别具风味，是遵义市第四批非物质文化遗产代表性项目。此菜色泽红亮，甜酸适度，香辣兼备，味道鲜美，吃起来酸而不酷，辣而不燥，油而不腻，浓香扑

鼻，且无一般羊肉食品的膻味，可谓色、香、味俱全。有文献称甜酸羊肉源于清代今新舟禹门沙滩一带。抗日战争时期，文艺界著名人士丰子恺、端木蕻良等先后在遵义品尝过甜酸羊肉并给予一致好评。如今的新舟一带，甜酸羊肉仍然被视为席上佳肴，但凡酒宴，都少不了这道菜。

　　制作甜酸羊肉以黑毛母山羊肉为上品，将带皮羊肉、羊杂下锅烹制。甜酸羊肉烹制的关键是酱料的制作。这种酱料称为黄酱，是用少许麻糖（本地土法制作的麦芽饴糖）、去籽剁细的红辣椒、羊油一起煮烂成酱。把煮到紧缩的羊肉、羊杂切块，放入炒制好的酱中上色、炒透；然后把羊肉原汤全部倒入，加适量料酒、醋、酱油、姜、胡椒及盐调味，改文火把羊肉煨炕，上桌时撒上花椒、胡椒、姜、葱等佐料即可。

云门酸汤鱼

　　"三天不吃酸，走路打踉踉。"这句话几乎在全贵州流传。酸汤具有开胃健脾功效。贵州有众多酸汤制作方法，其中老坛酸汤是用山泉水加香糯酿制而成的，味型独特，酸鲜可口。酸汤鱼作为一道贵州名菜，在新蒲有着极为独特的发展。三渡云门酸汤鱼便是贵州酸汤菜系中的新秀，选用云门囤三江汇流水域的野生河鱼作为主要食材，采用苗家酸汤鱼烹饪技艺加工而成。用老坛酸汤煮野生河鱼，无须太多、太杂的调料，简简单单的老坛酸汤加上鲜活的野生河鱼，则鱼肉更显细嫩，酸汁无比鲜浓，无比美味。

豆花面

　　来到新蒲，总要尝一尝这里的豆花面。豆花面馆在新蒲新区随处可见，而且生意都非常好。据说豆花面起源于清代，起初只是素面，如今则有了更多选择。豆花面的面皮称为宽刀面，比普通面条要宽一些，长一些，选用上等面粉掺和新鲜鸡蛋，再加少许芡粉和碱水反复搓揉而成。也可以将苦荞粉加少许面粉擀压成片，切丝成荞面条。豆花是用黄豆磨浆煮熟、酸水点制而成，细嫩绵软。豆花面的调料十分讲究，有肉末、麻油、熟菜油、细辣椒油、猪油、鱼香菜、姜丝、香椒末、葱花、油炸花生米、油炸豆腐丁等，有的还加上细碎的鱿鱼、鸡丁、猪蹄筋等熟食。将调料放入小碟拌匀，面条或荞面条煮熟后起锅，和豆花一起盛入碗中，面条和豆花蘸着调料碟中的调料食用，鲜香爽滑，十分可口。

永乐酸饺子

　　永乐镇的酸饺子也很有名气，是以面粉、肉馅、菜馅、调料为主要材料制作的面食。常见做法是把羊肉、牛肉、猪肉等馅的饺子放在特制的酸汤内煮食，而不是用白水煮熟饺子后蘸佐料蘸水食用，因而又称酸汤饺子。其中酸汤的制作最为关键，调制独特，汤中常有虾皮、芝麻、香菜、香油、鸡油、甜醋、酱油等10余种调料，味道鲜美酸香。为了使酸饺子酸得更到位，肉馅中除了添加一般的韭菜、芹菜或葱、姜、蒜末外，往往还加入切得很碎的酸菜末。

米皮

米皮遍布新蒲各个地方，是不少当地人的早餐主食。制作时，将大米磨成米浆，舀入刷过熟油的蒸盘内摊匀，蒸熟，凉后切成2厘米宽的长条。煮食时用沸水烫一下，加入汆熟的绿豆芽，再加入大头菜、盐菜、酥黄豆、葱花，用红油辣椒、酱油、醋、味精、麻油、花椒油、姜蒜水兑成汁淋浇在米皮上即成。

凉粉

凉粉是遵义最具特色的夏季休闲风味小吃，男女老少皆宜。它采用优质豌豆为原料，经过水泡、细磨、滤渣、煮制和冷却之后，切为薄薄的长条状。凉粉看上去色泽嫩黄，质地细腻，吃的时候放上特制的油辣椒和其他佐料，风味独特。这一食用方式在新蒲也适用于米皮，这种吃法的米皮被称为凉皮。

丝娃娃

丝娃娃（又名素春卷），形如初生的婴儿裹在襁褓之中，所以起名丝娃娃。"襁褓"是用米面粉烙

成的手掌大小的薄面皮。在面皮中卷入萝卜细丝、折耳根（鱼腥草）、海带丝、炸黄豆、煳辣椒、酸辣椒等配料、佐料，色彩丰富，十分漂亮，口感嫩脆，酸辣爽口。

喇叭百香果

百香果，原产自南美洲，又名西番莲，果实含有人体所需的17种氨基酸、多种维生素和胡萝卜素，营养价值高，倍受人们青睐。今喇叭镇瓦龙村广泛种植。由于喇叭镇生态环境优良，光照充足，土壤肥沃，适宜百香果生长，因而果实产量高，品质好。每年8至12月可根据果实成熟情况陆续采摘。

高山葡萄

高山葡萄又名紫秋葡萄，由我国南方一种野生的刺葡萄选育，属东亚种群中的刺葡萄种，是极晚熟高抗葡萄新品种，有高抗病、高抗逆性、高品质、高产量等特点。果肉可制作鲜果汁，更是酿制高档葡萄酒的上好原料；果皮可以提取天然色素；颗籽可提取白黎芦醇，用于医药和保健品开发。喇叭镇高山等村有高山葡萄数百亩，品质极佳。

【参考文献】

[1]郑珍，莫友芝.遵义府志[M/CD].官刻本，清道光二十一年：卷二-卷三十九.

[2]周恭寿，杨兆麟.续遵义府志[M/CD].民国二十五年：卷二-卷三十.

[3]文德政，陈沂.遵义县志[M].贵阳：贵州人民出版社，1992：1-1218.

[4]曾祥铣.遵义史话[M].贵阳：贵州人民出版社，2014：1-130.

[5]曾祥铣.人文遵义[M].成都：四川大学出版社，2009：1-114.

[6]黄万机.沙滩文化概述[J].贵州文史丛刊,2017（03）:1-7.

[7]刘丽.刘庆汾——遵义人的骄傲[EB/OL].（2017-02-08）（2018-04-05）.http://
     www.zync.edu.cn/web/28694/75525.html.

中桥水库

天鹅湖